AF261896

L'ANTICONTRAT SOCIAL.

DE L'IMPRIMERIE DE BEAU,
à Saint-Germain-en-Laye.

L'ANTICONTRAT SOCIAL,

OU

DU PRINCIPE GÉNÉRATEUR DE LA RÉVOLUTION;

PAR

M. LÉONCE DE CLAYE.

PARIS,

GAUME FRÈRES, ÉDITEURS-LIBRAIRES,

RUE CASSETTE, 4.

1849

PRÉFACE.

Une chose faite pour fixer l'attention du philosophe comme du politique, c'est le sanglant résultat de notre première Révolution : dans d'autres pays, on a pu passer de la monarchie à la république; on a adopté les mêmes principes de droit politique, et ces principes ont produit des effets tout différents. En Suisse, en Hollande, en Amérique, ils ont amené avec eux la gloire et la prospérité, tandis qu'en France ils n'ont produit que des proscriptions, des spoliations et l'anarchie. D'où vient cette différence? Comment le même arbre a-t-il pu donner des fruits si différents? Est-ce la faute du caractère, du génie national? ou bien, ce résultat, si malheureux, doit-il être attribué à une cause accidentelle, particulière à l'époque de la Révolution? Dans ce cas, il suffirait de dégager ce principe funeste, pour nous éviter le retour de semblables excès : ils furent tels qu'ils firent reculer d'horreur la génération qui en fut le témoin et la victime, si bien que, reniant ces principes dans lesquels elle avait mis tout son espoir, elle aima mieux se jeter dans les bras du despote le plus glorieux, mais aussi le plus dur.

Ainsi, chercher et dégager cette cause funeste des

principes qu'elle a ternis et déconsidérés et qu'elle discréditerait sans retour si ces excès devaient se renouveler aujourd'hui, que l'on revient aux mêmes formes républicaines, voilà ce que se propose l'auteur de cette brochure. Il a vu cette cause funeste dans le négation du christianisme, qui fut tout le fonds de la philosophie du XVIII siècle. J.-J. Rousseau fit alors paraître son fameux *Contrat social*, qui formula la loi fondamentale de tout peuple qui voudra vivre sans la religion révélée. C'est à réfuter spécialement cet ouvrage, que l'auteur s'est attaché. Il espère prouver d'abord que le *Contrat social* est et doit être nécessairement le Code de toute société qui rejettera le Christ pour pierre de l'angle de l'édifice social ; puis, que le communisme est la conséquence fatalement inévitable des principes posés dans le *Contrat social*. Et il en conclut que, pour éviter cette loi barbare, la société doit franchement revenir au christianisme ; en un mot, le communisme étant la conséquence de la négation du christianisme, ne peut être solidement réfuté que par cette divine religion. Tel est le but de cet opuscule : il s'adresse donc à tous les antichrétiens, républicains ou autres.

Quant à la République, si l'auteur n'a pas confiance en sa possibilité, c'est seulement parce que ses partisans sont, pour la plupart, ennemis du christianisme, et qu'à son avis, la république a plus besoin, que tout autre forme de gouvernement, du secours de notre religion. Du reste, l'auteur s'est rendu, de tout temps, à l'opinion de Châteaubriand, et de tant d'autres hommes éminents, qui ont toujours regardé la République comme une conséquence naturelle de la Révolution de 1830. Depuis lors, il avait accoutumé ses yeux à fixer l'astre qui devait nous guider tôt ou tard. Il a cherché à deviner sa marche probable ; et ce sont ses observations qu'il vient soumettre à ses concitoyens, particulièrement à ceux qui sont chargés de nos destinées. Car tous, nous sommes intéressés à ce que le vaisseau qui porte l'avenir de notre patrie ne fasse pas naufrage, et tous nous lui dèvons nos avis et les efforts qu'il nous est donné de faire pour assurer son salut, remettant à Dieu, qui protége la France, le soin de nous faire aborder aux rivages propices.

L'auteur prévient qu'il n'enfante nullement une organisation toute nouvelle de la société. Bien loin de là, il ne dissimule pas, au contraire, que beaucoup de ses idées paraîtront bien anciennes, bien communes même. Mais la vérité n'est pas d'hier ni d'aujourd'hui ; elle est plus ancienne que le monde. Elle marche simple, et dans sa nudité, pendant qu'elle laisse l'erreur déguiser, sous d'orgueilleux oripeaux, ses misères et ses difformités.

L'ANTICONTRAT SOCIAL.

CHAPITRE PREMIER.

ORIGINE DES RÉPUBLIQUES.

L'histoire nous enseigne que les divers États républicains anciens et modernes, ne se sont élevés qu'après le renversement de gouvernements détestés par leur despotisme insupportable ; Athènes, après l'expulsion des fils de Pisistrate ; Rome, après l'expulsion des Tarquins ; les républiques modernes de Suisse, de Hollande et des États-Unis n'ont pas une autre origine. La France seule fut proclamée en république dans des circonstances particulières ; elle obéissait depuis des siècles à un État monarchique qui se modifiait, se fortifiait ou s'affaiblissait selon les circonstances, et jamais sans quelque gloire ; si bien qu'au moment de la Révolution, la France, qui venait d'humilier sa rivale éternelle par l'affranchissement des États-Unis et par ses glorieuses batailles maritimes, était toujours au premier rang des puissances de l'Europe. Néanmoins, le règne faible et scandaleux de l'indolent Louis XV, comme le peu de caratère du malheureux Louis XVI, avait fortement déconsidéré le sceptre que Louis XIV avait si glorieusement élevé au dessus de tous les trônes de l'Europe et du monde.

La noblesse, toujours brave sur le champ de bataille, s'énervait, se corrompait à la cour. L'autorité royale, après lui avoir ravi son pouvoir féodal en province, ne lui avait laissé que des privilgées, des préséances de cour, dans le maintien desquels elle se ruinait. Si bien qu'elle ne semblait plus qu'une brillante et une ruineuse inutilité ; ses distinctions honorifiques, seul dédommagement de son influence perdue, la faisaient détester et jalouser par les clases inférieures qui de jour en jour acquéraient plus de richesses et de lumières. Plus ces distinctions de cour étaient vaines et devenaient odieuses à ceux qui n'y pouvaient atteindre, et plus ceux qui en jouissaient se montraient jaloux de conserver ce qui leur représentait leur ancienne puissance. D'ailleurs la guerre devenant plus rare, les services militaires des gentilshommes (les seuls qu'ils pussent rendre) devenaient moins importants; et pendant qu'on les voyait se ruiner, s'énerver à la cour, on oubliait qu'ils étaient toujours prêts à se sacrifier pour le salut du pays, comme ils l'avaient prouvé au commencement de ce siècle même, où ils prodiguèrent non-seulement leur sang, mais leur fortune, pour arracher la France à l'Europe coalisée contre l'établissement des Bourbons en Espagne.

Le clergé, dont les immenses richesses tentaient la convoitise des fils puinés de la noblesse, était, sauf dans les rangs inférieurs, envahi par des prélats de cour, qui ne ternissaient que trop souvent par le scandale de leur conduite le lustre dont le plus grand nombre le couvraient encore. Là aussi, les réformes paraissaient inévitables.

La magistrature, qui prétendait représenter le seul pouvoir capable de réformer tant d'abus, ne faisait (tant ses prétentions étaient peu fondées) qu'entretenir une opposition aussi irritante qu'impuissante : tous les états, toutes les conditions, tous les pouvoirs appelaient donc la rénovation d'un ordre de choses caduc et vermoulu.

Mais voulait-on une république? Non, certes, les cahiers des États généraux furent unanimes pour la réforme des abus, mais aussi pour le maintien de la royauté ; et ce n'a été que du jour où les États généraux ont déchiré les cahiers de leurs commettants que la France a été lancée dans les voies inconnues des révolutions, afin de trouver le meilleur des gouvernements. On a expérimenté la république comme d'autres constitutions. Or, quels étaient les nautonniers qui se chargèrent de diriger le navire de la patrie? Quels principes invoquèrent-ils ? quels astres prirent-ils pour la diriger? Voilà ce qu'il faut étudier pour découvrir la cause qui a produit les excès de notre Révolution.

CHAPITRE II.

DES DEUX SYSTÈMES QUI PRÉSIDÈRENT A L'ÉTABLISSEMENT DE LA RÉPUBLIQUE.

Ce serait une curieuse, mais une trop longue étude à faire, que de suivre la filiation des écrivains, dits philosophes, du xviiie siècle, et de leurs exécuteurs testamentaires, les révolutionnaires. Mais ce travail, fait tant de fois par des plumes habiles de tous les partis, a mis en lumière des faits dont tous sont d'accord. Tous, en effet, sont unanimes pour ranger ces régénérateurs en deux classes.

D'abord l'école athée, antichrétienne de Voltaire, qui n'en voulait qu'au christianisme, qui soutenait, adulait les rois et les grands de la terre, et qui avait fort peu de sympathies pour le peuple. Les encyclopédistes, Diderot, d'Alembert et autres, marchaient d'accord vers le même but. Les économistes s'y rallièrent aussi ; et enfin les politiques, les hommes de loi et la magistrature, en invoquant le grand Montesquieu, s'y joignirent encore. Tous voulaient la destruction de l'édifice monarchique et religieux pour le reconstruire sur de nouveaux plans ; ils furent soutenus par Beaumarchais, Mirabeau, Danton, Chaumette et autres. Ils enfantèrent péniblement, en deux ans, la Constitution de 1791, où ils maintinrent d'abord le roi, mais dans une position humiliante inacceptable; puis la religion catholique, mais en la constituant en schisme. Cet édifice ne tint pas plus d'un an.

L'autre école fut celle de Rousseau. Cet homme célèbre, acceptant les idées de son siècle qui voulait vivre sans Dieu et de sa propre vie, de sa propre science, formula dans son fameux *Contrat social* la constitution à donner à un tel peuple, et ces principes furent proclamés après et le 10 août par les Girondins, qui instituèrent la République avec la souveraineté du peuple pour base ; les Girondins, reculant devant les conséquences de ces principes, furent supplantés par la Montagne, et cette dernière fut dominée par l'homme qui s'en fit l'incarnation vivante, Robespierre, soutenu par Saint-Just et Couthon ; ceux-ci auraient fini par envoyer toute la France à la guillotine. Ces hommes, les principes de la fraternité à la bouche, envoyaient à la mort le moindre opposant, du même front qu'ils lançaient nos soldats et se lançaient eux-mêmes sur les lignes ennemies. Or, c'est dans l'application des principes du *Contrat social* qu'ils déployèrent leur terrible énergie, soit contre leurs concitoyens qui ne partageraient pas leurs principes, soit contre les ennemis extérieurs. Examinons donc si ce célèbre ouvrage contient en effet le germe de tant d'excès, et alors en dégageant cette cause funeste de tant d'horreurs, nous ferons éviter peut-être le brisant où nous ferions encore naufrage.

CHAPITRE III.

EXAMEN DU CONTRAT SOCIAL.

L'auteur de cet ouvrage annonce qu'il va faire connaître les lois qui ont formé la société. Il suppose que les hommes sortent de l'état sauvage pour passer à l'état social ; et là ils discutent, ils raisonnent pour savoir comment, et jusqu'à quel point, ils doivent aliéner de leur liberté pour jouir du bénéfice de la société. Il se propose de « trouver une forme d'association qui défende et protége de toute la force commune, la personne et les biens de chaque associé, et par laquelle chacun, s'unissant à tous, n'obéisse pourtant qu'à lui-même et reste aussi libre qu'auparavant. » Puis il fait voir que les clauses du contrat se réduisent à une seule, savoir : « l'aliénation totale de chaque associé avec tous ses droits, à toute la communauté. Car chacun se donnant tout entier, la condition est égale pour tous ; nul n'a intérêt de la rendre onéreuse pour les autres. De plus, l'aliénation se faisant sans réserve, l'union est aussi parfaite que possible ; nul associé n'a plus rien à réclamer ; » car il n'y aurait plus de juge entre le public et les particuliers. Enfin le pacte social se réduit à ceci : « chacun de nous met en commun sa personne et toute sa puissance sous la suprême direction de la volonté générale ; et nous recevons en corps chaque membre comme partie indivisible du tout. »

Le souverain, c'est la volonté générale de tous les associés. Puis il fait voir que la délibération publique qui peut engager tous les sujets envers le souverain ne peut obliger le souverain envers lui-même ; et que par conséquent il est contre la nature du corps politique, que le souverain s'impose une loi qu'il ne puisse enfreindre.

Le souverain ne peut s'obliger envers autrui à rien qui déroge au contrat de la sainteté duquel il tire son existence, comme d'aliéner quelque part de lui-même, ou se soumettre à un autre souverain.

On ne peut offenser un membre sans offenser tout le corps. Le devoir et l'intérêt obligent également les deux parties contractantes à s'entr'aider mutuellement.

Le souverain n'étant composé que des particuliers n'a ni ne peut avoir d'intérêt contraire au leur. Donc le souverain n'a nul besoin de garant envers les sujets, le corps ne pouvant nuire à ses membres.

Mais il n'en est pas ainsi des sujets envers le souverain auquel, malgré l'intérêt commun, rien ne répondrait de leurs engagements, s'il ne trouvait des moyens de s'assurer de leur fidélité : car chacun peut avoir une volonté, un intérêt particulier, dissemblable ou contraire à la volonté générale. Son existence propre peut lui faire envisager ce qu'il doit à la cause commune, une contribution gratuite, dont la perte sera moins nuisible pour les autres, que le paiement n'en est onéreux pour lui. « Et alors il jouirait des bénéfices de citoyen, sans remplir les devoirs de sujet ; ce qui est injuste. Donc, pour n'être pas vain, le *Contrat social* renferme tacitement cet engagement qui seul peut donner de la force aux autres : que quiconque refusera d'obéir à la volonté générale, y sera contraint par tout le corps. Ce qui ne signifie autre chose sinon qu'on *le forcera d'être libre.* »

Rousseau se résume ainsi : « Ce que l'homme perd par le contrat social, c'est sa liberté naturelle et un droit illimité à tout ce qui le tente et qu'il peut atteindre. Ce qu'il gagne,

c'est la liberté civile et la *propriété de tout ce qu'il possède.* »
Ainsi, l'on n'est propriétaire qu'en vertu du contrat social. La
loi fait la propriété : distinction capitale, comme M. Frédéric
Bastiat nous le fera voir au chapitre xviiᵉ.

Mais il n'est pas besoin de longs développements pour faire
voir que nos socialistes modernes, comme leurs prédécesseurs
les montagnards et Robespierre, ont puisé là leurs principes
dont la société s'est si fort effrayée. C'est dans le *Contrat social,*
comme on le voit, qu'ils ont pris l'idée de mettre tout en commun, de ne rien laisser aux individus, ni les personnes, ni les
biens : tout est au souverain, à l'État qui, disposant de tous les
biens, de toutes les forces, en usera pour tenir tous les hommes
sous sa dépendance, sans contrepoids, sous prétexte de les *forcer d'être libres,* comme ils disent dans leur langue.

Mais continuons l'examen de ce livre, base de toutes les utopies modernes.

CHAPITRE IV.

SUITE DE L'EXAMEN DU CONTRAT SOCIAL.

Il conclut, de ces principes, que la souveraineté n'étant que
l'exercice de la volonté générale, ne peut jamais s'aliéner, et
que le souverain qui n'est qu'un être collectif *ne peut être re-
présenté que par lui-même.* Le pouvoir peut bien se transmettre, mais non la volonté.

Le souverain peut bien vouloir actuellement ce que veut tel
homme, ou ce qu'il dit vouloir ; mais il ne peut dire : Ce que tel
homme voudra, je le voudrai demain ; la volonté ne pouvant se
donner des chaînes pour l'avenir, ni consentir d'avance à rien
de contraire au bien de l'être qui veut. Donc le peuple qui promet simplement d'obéir, se dissout par cet acte. Dès qu'il y a
un maître, il n'y a plus de souverain, la souveraineté est inaliénable....

Il veut encore qu'elle soit indivisible ; il réprouve la divi-
sion de la souveraineté dans son objet, en puissance législative,
exécutive, en droits d'impôts, de justice, de guerre, et enfin

il établit que la volonté générale est toujours droite et tend toujours au bien public.

Ainsi, tous les citoyens seront tenus, sous peine de perdre les bénéfices de la société, d'être, tous et à la fois, législateurs, militaires, juges et magistrats, etc.

Comme la société, la propriété, les droits, la sécurité de tous n'ont de valeur que celle reconnue par les lois, et que le peuple soumis à ces lois doit en être l'auteur ; que si pourtant la volonté générale est toujours droite, le jugement qui la guide n'est pas toujours éclairé, alors il proclame la nécessité d'un législateur.

Mais l'homme digne d'être un législateur devrait être une intelligence supérieure, qui vît toutes les passions des hommes et n'en éprouvât aucune ; qui n'eût aucun rapport avec notre nature, et la connût à fond ; dont le bonheur fût indépendant de nous, et qui s'occupât du nôtre. Bref, il nous faudrait un Dieu pour nous donner des lois.

Car le législateur doit se sentir en état, pour ainsi dire, de changer la nature humaine, de transformer chaque individu, qui, par lui-même, est un tout parfait et solitaire, en partie d'un plus grand tout, dont cet individu reçoive en quelque sorte sa *vie et son être* ; d'altérer la constitution de l'homme pour la renforcer ; de substituer une existence partielle et morale à l'existence physique et indépendante que nous avons tous reçue de la nature. Il faut, en un mot, qu'il ôte à l'homme ses propres forces pour lui en donner d'étrangères, et dont il ne puisse faire usage sans le secours d'autrui. » Nos régénérateurs modernes, saints-simoniens, phalanstériens, et autres connus et inconnus, n'ont pas un autre titre à réformer l'univers. On le voit, c'est dans ce *Contrat social* qu'ils ont été puiser la base de leurs plans, et le droit, la prétention de soumettre la France à leurs utopies ; et ce qu'il y a de plus singulier, c'est que, faisant le rêve de cette république démocratique, Rousseau convienne que cette république n'est pas réalisable.

Nous ne suivrons pas l'auteur dans les diverses considérations où il a jugé à propos d'entrer sur l'examen des différentes formes de gouvernements, ni sur d'autres considérations moins capitales, pour arriver à la conclusion de son troisième livre qui résume tout ce système. Il en vient à dire, par une conséquence logique des principes précédemment émis, que l'ouverture des Assemblées nationales devra toujours se faire par deux propositions qu'on ne puisse jamais supprimer, et qui passent séparément par les suffrages. La première, « s'il plaît au souverain de conserver la présente forme de gouvernement. »

La deuxième, « s'il plaît au peuple d'en laisser l'administration à ceux qui en sont actuellement chargés. »

Car, comme il l'a démontré plus haut, il n'y a dans l'Etat aucune loi fondamentale qui ne se puisse révoquer, pas même le pacte social. Et, par une conséquence naturelle, il en vient à conclure que le peuple n'a pas besoin d'avoir raison pour valider ses actes. Il peut même se nuire ; « car, dit l'auteur, s'il plaît au peuple de se faire mal à lui-même, qui est-ce qui a droit de l'en empêcher ? »

Enfin, après en être venu, par une suite de considérations, à se demander si l'esclavage d'une partie des hommes n'est pas nécessaire pour assurer la liberté de l'autre, il répond : *Peut-être !* et les États-Unis d'Amérique, la seule république du monde qui prospère, n'ont pas encore résolu autrement cette terrible question.

Enfin, un article sur lequel il est curieux de connaître l'opinion de Rousseau, c'est la religion. Mettant l'omnipotence, la souveraineté dans l'assemblée des citoyens, dont la volonté est inaliénable et révocable à chaque instant, il ne peut voir ni supporter l'indépendance du catholicisme ; il va jusqu'à l'accuser d'incompatibilité avec la societé : il le déclare insociable. Car lui n'admet pas de religion qui ne fasse pas un avec l'État. Les religions anglicane et russe ne lui conviennent même pas. Elles ont des dogmes indépendants du souverain. Le prêtre en est le seul interprète ; il semble regretter (sans oser l'avouer bien clairement), le paganisme, où l'État décrétait quels dieux il fallait adorer. Le mahométisme lui semble plus raisonnable. Dans son rêve, il veut une société indépendante même de son Dieu, et maîtresse d'imposer à ses sujets le dieu qu'elle juge à propos d'adopter, et il en vient à conclure que celui de ses membres qui se refuserait à croire les dogmes fondamentaux de sa religion, serait puni au moins comme insociable ; et ce qui est bien plus fort, il dit : « Si quelqu'un, après avoir reconnu publiquement ces mêmes dogmes, se conduit comme ne les croyant pas, qu'il soit puni de mort ; il a commis le plus grand crime : il a menti devant les lois. »

En résumé, le *Contrat social* met la souveraineté suprême dans la société des hommes, et il avait raison. Sur qui pouvait-il appuyer la souveraineté suprême, du moment qu'il rejettait Dieu et le Christ son fils? Ce livre formule donc l'état d'un peuple qui ne veut plus dépendre de Dieu.

Cette souveraineté du peuple est absolue, sans appel ; les sujets doivent la subir de gré ou de force. C'est elle qui assure tout, la part de liberté, de propriété ; elle est inaliénable et indivisible. Néanmoins, Rousseau ne veut pas laisser à l'assemblée du peuple, sujette à erreur, la confection de la Constitution ; il veut un législateur, qui la fera bien mieux ; et il veut en ce législateur une science, une volonté, une vertu surhumaine, car il doit se sentir de force à transformer l'espèce humaine, comme tous nos régénérateurs modernes prétendent le faire. Cette souveraineté doit être telle, selon Rousseau, qu'il lui reconnaît le droit de se nuire, même de se détruire, et cela à toute heure, car elle est révocable. Enfin, elle doit être tellement jalouse de sa suprématie, qu'elle ne peut supporter de religion qui ne lui soit soumise ; et, toujours en vertu de cette omnipotence, elle punit même de mort celui de ses sujets qui ne pratique pas la religion reconnue, et cela, non parce qu'il offense la divinité, mais parce qu'il manque aux lois qui ont admis cette divinité.

J'en conclus donc que si le *Contrat social* est le code de toute société qui ne veut plus de Dieu, les écoles nouvelles, mortes, vivantes ou à naître de régénérateurs, saint-simoniens, phalanstériens, socialistes, communistes, n'importe leur nom ! sont les véritables exécuteurs du *Contrat social* (1). Quelles que soient les différences de leurs systèmes, ils ont cela de commun qu'ils ne reconnaissent d'autres lois que celles qu'ils se font à eux-mêmes ou qu'ils adoptent d'un législateur de leur choix. Tous sont obligés d'en venir aux mêmes conséquences, qui sont la destruction de la propriété comme de la famille, et le despo-

(1) Les socialistes proprement dits sont, je le sais, très-offensés quand on les associe aux communistes ; mais j'en suis bien fâché, je dois les mettre sur la même ligne ; car, qu'ils le veuillent ou non, dès qu'ils partent du même principe, ils doivent aboutir aux mêmes conséquences. Je tiens que tous les antichrétiens doivent finir par être socialistes, et tous les socialistes par être communistes. Ces derniers son ... équents avec eux-mêmes et avec leurs principes. Ainsi dans ce ... unisme et socialisme seront pris l'un pour l'autre, ils sont ... es, c ... si bien prouvé M. Thiers.

tisme de tous sur tous, le plus absolu, le plus dégradant qui ait jamais pesé sur la race humaine. C'est ce que nous nous proposons de démontrer par la suite. Mais, pour mieux y parvenir, pour nous rendre mieux compte de l'effet que de pareils principes devaient produire sur la société, examinons avant, ce que sont les hommes, dans quelle position, dans quel état ils se trouvent. Le chemin que nous allons suivre semblera le plus long, mais quand nous l'aurons parcouru, peut-être trouvera-t-on qu'il était le plus sûr.

CHAPITRE V.

COUP - D'ŒIL SUR CE QUE SONT ET SUR CE QUE PEUVENT DEVENIR LES HOMMES.

Chaque homme est placé dans un état, dans un pays, dans des rapports de société différents. Eh bien ! que chacun jette un coup d'œil rapide, mais impartial, sur la société qui l'entoure ; qu'il l'examine attentivement, abstraction faite de toute préoccupation de système, et qu'il dise, la main sur la conscience, le résultat de son examen. Ne verrait-il pas des hommes doués chacun diversement, mais surtout incomplétement ?

Qui dira la variété des dons que la nature et l'éducation répandent chez les hommes ? Il en est qui ont le cœur si noble, si porté au bien et au beau, si antipathique au mal, si ferme dans l'exécution de ses devoirs, qu'ils sont l'honneur de leur pays. D'autres, au contraire, ont un cœur si pervers, si ingrat, si méchant, si porté à tout mal, qu'ils font l'effroi comme la honte de l'humanité. Si l'on voit des Vincent de Paule, des Las Casas, on voit aussi des de Sade, des Lacenaire, des monstres qui sacrifieraient le monde même à la satisfaction d'une de leurs passions ; qui se vouent au mal avec une joie, une ardeur vraiment diaboliques. Et le commun des hommes occupe les degrés plus ou moins élevés qui séparent ces extrêmes du bien et du mal.

De même pour les dons de l'intelligence. Il est des hommes d'un esprit élevé, pénétrant, à qui rien ne semble échapper ;

des génies sublimes, lumineux, qui priment dans les carrières qu'ils embrassent, dans les lois, dans le gouvernement, dans la guerre, dans les sciences, les lettres et les arts. Qui dira la variété des dons de l'esprit? et leur rareté encore plus grande? D'un autre côté, combien en est-il d'imbéciles, de rebelles à toute culture! L'esprit de l'homme varie du génie d'un Homère, d'un Platon, d'un Alexandre, d'un Cicéron, d'un César, d'un Newton, d'un Bossuet, d'un Molière, d'un Napoléon, à celui d'un crétin ; et les hommes occupent les anneaux plus ou moins élevés de la chaîne qui unit des êtres si différemment doués.

Mais que sont les dons du cœur et de l'esprit sans la santé? combien, sans elle, perdent-ils de leur puissance? Or, quelle différence profonde n'y a-t-il pas, sur ce point, entre les hommes! Les uns sont forts, propres à toutes les fatigues ; d'autres pleins de grâce, de légèreté, et doués de la beauté dont l'effet est si irrésistible. L'homme étant chair et esprit n'est complet qu'autant que ses deux natures le sont dans leurs attributions respectives. Or, après avoir appelé l'attention sur les imperfections morales et intellectuelles, qui dira celles de notre chair? A combien de maladies n'est-elle pas sujette! La science, depuis Hippocrate jusqu'à nos jours, les examine, les traite ; mais combien n'est-elle pas impuissante contre elles !

De quelque côté donc que l'on examine les hommes, on les voit (bien que de la même famille) diversement doués en bien et en mal, en lumières, en forces, en puissances de toutes sortes. Mais pour avoir une idée encore plus générale, plus complète de l'ensemble de l'humanité, il faut considérer que la partie de la terre que nous habitons est la mieux partagée. Les Européens sont, sous tous les rapports, infiniment supérieurs aux autres peuples ; et l'on ne peut se faire une idée de ce que sont, de ce que peuvent devenir les hommes, qu'en tenant compte de ce qu'ils sont en Asie, chez les peuples anciennement civilisés de la Chine et de l'Indoustan, chez les peuples nomades de la Tartarie et de l'Arabie, puis chez les sauvages de l'Amérique, chez les anthropophages de la Polynésie, et enfin, chez les nègres de l'Afrique, qui, sous les trois rapports moraux, intellectuels et physiques, s'éloignent le plus de l'homme pour se rapprocher de la bête. Et alors, celui qui verra d'un coup-d'œil combien sont distants les degrés que l'homme peut parcourir, doit certes convenir qu'une créature susceptible de s'élever à tant de hauteur comme de descendre à tant de bassesse, qui peut se couvrir de tant de gloire comme de tant d'opprobre, s'approcher autant des anges ou des démons, ne doit plus se trouver dans l'état naturel où elle a été primitivement placée. Les perfections qu'elle peut atteindre témoignent de la grandeur qui lui fut d'abord destinée, comme les turpitudes, la dégradation où elle peut s'abandonner prouvent qu'elle a dû déchoir d'un état élevé par un accident violent, extraordinaire. Or, qui expliquera cette chute ? qui rendra raison d'un état si incohérent? Deux écoles se présentent : l'ancienne école catholique, et celle du xviiie siècle, formulée dans le *Contrat social* qui prétendit supplanter la première. Examinons-les l'une et l'autre.

CHAPITRE VI.

DOUBLE EXPLICATION DE L'ÉTAT DE L'HUMANITÉ.

Le plus ancien livre qui soit au monde, la Bible, nous apprend que l'homme, dans son premier père, s'étant révolté contre son Créateur, à l'instigation de l'ange maudit, l'homme, dis-je, fut banni du Paradis et de la présence de Dieu. Abandonné à lui-même, il se corrompit de génération en génération, à mesure qu'il perdait le souvenir du ciel et des rapports qui l'unissaient avec son Créateur ; et, comme dit Bossuet, l'homme, en punition de sa révolte contre Dieu, vit ses membres et les désirs de son cœur se révolter contre lui-même, contre sa volonté. Ses passions, son orgueil lui firent exercer sa puissance contre les plus faibles, d'où vient l'esclavage ; la sensualité lui fit abuser de la femme, d'où vient la polygamie et la prostitution. Enfin, il méconnut le Dieu suprême dont il violait ainsi les lois, et il se fit un ciel peuplé de dieux et de déesses vicieux comme lui.

Dans cette séparation d'avec Dieu, les hommes, selon leur corruption, perdirent plus ou moins les vertus qui les faisaient vivre en société. Chaque peuple conserva des qualités, des vertus particulières qui lui assurèrent des libertés, des franchises spéciales. De même, chacun eut ses vices, ses défauts particuliers, qui nécessitèrent des lois répressives. Telle loi fut nécessaire chez l'un qui fut sans raison chez l'autre. Et comme les territoires des divers peuples se touchaient par quelques points, on put dire que ce qui était bien et vérité d'un côté d'une montagne et d'une rivière, était mal et erreur de l'autre côté. L'ensemble, le composé de ces qualités et de ces imperfections morales d'un peuple constituent sa personnalité, son génie, qui se reflète, qui s'exprime dans sa législation.

Cependant, lancés dans cette voie, les hommes se livrèrent à de si grands excès, à de telles abominations, que, comme de concert, révoltés de tant de turpitudes, les peuples de la Chine, de l'Inde et de la Grèce (sans doute aussi de la Perse et de l'Égypte, bien que leurs ouvrages aient péri) s'efforcèrent de pénétrer, avec leur seul génie, le principe des choses et de l'homme ; de là vinrent les différentes sectes philosophiques. Mais ces efforts, à part quelques résultats obtenus dans les sciences naturelles et mathématiques, par l'observation et l'expérience, ne purent donner l'explication des principes de la nature, de l'homme et de Dieu ; ils constatèrent la corruption de notre espèce, son incapacité pour la vertu, son penchant vers le mal ; mais loin de lui enseigner le moyen de se relever, de se purifier, les philosophes même donnèrent le plus souvent l'exemple d'une corruption plus grande.

Enfin, dans les temps prédits à l'avance, le Fils de Dieu fait homme parut, rétablit les vrais rapports qui unissent les hommes avec Dieu et avec eux-mêmes. Expiant le grand crime de l'humanité envers Dieu par le supplice de la croix, il nous rendit dignes de rentrer en communion avec Dieu, son Père. Par le mérite de son sacrifice qu'il veut bien nous appliquer, il nous fait surmonter notre penchant vers le mal, et il est venu à bout de rétablir les rapports primordiaux de la famille et de la société, en rétablissant l'unité dans le mariage, et en faisant disparaître l'esclavage chez les peuples chrétiens. Surtout, notons bien ce point. Le christianisme est parvenu à ce double résultat par la patience, la persuasion, la résignation ; jamais par la révolte, jamais par la violence : il n'a vaincu le monde et sa tyrannie, qu'en s'offrant sans défense à sa fureur. En un mot, le christianisme n'a usé que des moyens qui concordaient le plus avec le but qu'il se proposait.

Nos philosophes ont expliqué bien autrement l'homme et le monde extérieur. Sans énumérer et expliquer tous leurs systèmes, qui diffèrent souvent, on peut cependant résumer leurs op'nions à peu près de la manière suivante : ils supposent l'univers créé fortuitement, et que l'homme est passé par des degrés successifs du néant à l'être et de l'être à l'état où nous le voyons, pour arriver à un perfectionnement indéfini, même à l'immortalité. Dieu n'est pour rien dans la création, ou bien, s'il a été le suprème ordonnateur du monde, ç'a été nécessairement; il y a été amené par la force des choses. Au xviiie siècle, l'humanité se trouvait dans un moment où elle devait passer d'un état imparfait à un autre plus parfait. Elle devait s'élever de la crainte superstitieuse et de l'adoration de Dieu à l'obéissance de la raison. C'était sur elle seule que toute vérité, que tous les rapports de famille et de société devaient s'appuyer ; la souveraineté en toutes choses résidait dans l'ensemble des volontés des hommes désormais tous égaux, et affranchis de tout pouvoir qui ne découlerait pas d'eux ; en un mot, la souveraineté du peuple, système profondément résumé dans le *Contrat social*, dont nous avons donné l'analyse.

Toutes les corruptions, toutes les dégradations présentes de l'homme devaient être attribuées à la tyrannie de pouvoirs corrupteurs et à la superstition que le fanatisme des prêtres entretenait afin de dominer le peuple. Pour s'en délivrer, il devait s'élever à la dignité d'hommes libres, en brisant ses chaînes, dont il frapperait ses tyrans ; il devenait digne ainsi de la liberté et de l'égalité, lesquelles enfanteraient toutes les vertus civiles et politiques. Tel était au fond le code des républicains du dernier siècle et de nos modernes républicains, dits modérés. Les socialistes modernes, qui prétendent réaliser encore mieux les plans de Rousseau (que Robespierre ne put achever), veulent mettre tout en commun, eux-mêmes et leur famille. Ils annoncent un État où tous seront soumis aux mêmes lois, au même sort, où chacun, en un mot, travaillera selon ses moyens et sera rétribué selon ses besoins.

Mais c'est ici qu'est la difficulté. Rousseau a fait son *Contrat social* pour des hommes qui passent de l'état sauvage à l'état civilisé. Ils n'ont rien que le peu qu'ont les sauvages, et ils ne font pas de grands sacrifices quand ils remettent le tout à la communauté. Mais en France, où la nation est depuis longtemps accoutumée aux raffinements du luxe et de la civilisation, où le plus grand nombre est propriétaire, il faudra commencer par dépouiller les possesseurs ; et si ces derniers ne se laissent point persuader par les beaux discours des régénérateurs, ceux-ci n'auront d'autres moyens que la spoliation forcée, la guerre civile et la guillotine. Ils auront beau voiler ces horreurs du prétexte de la fraternité et du bonheur du genre humain, ils ne pourront jamais faire trouver bon cet épouvantable principe, que la fin justifie les moyens ; et quant au nom de la fraternité, ils dépouilleront ou massacreront leurs frères qui ne se rendront pas à leurs désirs. Ils ne pourront être comparés, ne leur en déplaise, qu'à ce Catalan, qui, de derrière un rocher, couchait en joue les passants avec son escopette, et leur demandait la charité au nom de Dieu (1). Nous les avons vus en effet, pour imposer la fraternité de leurs principes, recourir à la guerre civile la plus atroce dont l'histoire peut-être fasse mention. Ainsi, voilà un fait à constater : pour faire régner les maximes les plus pures, les plus douces qu'ils ont dérobées à l'Évangile, ils n'ont pu employer, comme leurs prédécesseurs de 1793, que les moyens les plus atroces, les plus en opposition avec leurs principes. En un mot, chez eux, le but et les moyens sont en désaccord perpétuel, tandis que nous avons vu combien ils concordaient dans le christianisme. On en doit conclure que nos socialistes et leur code, le *Contrat social,* sont dans l'erreur. C'est ce que nous allons essayer de prouver encore mieux.

CHAPITRE VII.

ORIGINE DES LOIS.

Les philosophes du dernier siècle partaient de ce principe : « Si les hommes sont vicieux et méchants, cela vient de ce que de mauvaises lois et de mauvais gouvernements les ont faits

---

(1) On pourrait à la rigueur chicaner sur la justesse de la comparaison, en ce que ce Catalan n'agissait que pour lui ; tandis que les socialistes agissent pour tous. Mais la moralité du procédé est la même, et c'est tout ce qu'il me faut.

tels. Changeons les mauvaises lois et les gouvernements corrompus, les hommes ne seront plus ni vicieux ni méchants. » Ils ont, en effet, colligé les plus belles lois, résumé les constitutions les plus parfaites chez tous les peuples, ils ont promulgué ce qu'ils ont cru en être la quintessence; et les hommes n'en sont pas changés, ils ne sont pas meilleurs. On pourrait même entreprendre de prouver qu'ils sont devenus pires. En faut-il davantage pour convaincre ces prétendus philosophes qu'ils sont partis d'un faux principe? Mais examinons encore plus à fond la question. Et d'abord, voyons pourquoi il y a des lois. D'où viennent-elles? Sans nous perdre dans des spéculations plus ou moins vagues ou profondes, demandons : pourquoi il y a des lois contre le vol et le meurtre, par exemple? Sans doute, parce qu'il y a des voleurs et des meurtriers.

Supposez un peuple qui aura un penchant prononcé vers le vol, il faudra que les lois et les peines soient sévères et sévèrement appliquées, en proportion de la force de ce vice. Quand Rollon voulut établir ses pirates en société dans la Normandie, il dut promulguer des lois draconiennes contre le vol, et après qu'elles eurent été bien établies et bien exécutées, il put suspendre aux arbres d'une forêt déserte des objets précieux , sans que personne de ce peuple, naguère pirate, osât y porter la main. Ce fut par une police terrible qu'il mit son peuple en état de fonder en moins de 150 ans les royaumes d'Angleterre et de Sicile.

Supposez un peuple chez lequel le vice dominant soit la haine et la vengeance, chez lequel chacun, pour le moindre mécontentement contre son voisin, se fasse justice lui-même, en tuant celui qui lui nuit ou l'offense. La sûreté des personnes sera un danger perpétuel; et si, comme en Toscane, la peine de mort est abolie, les assassinats passeront inaperçus et impunis. Dans de telles circonstances la peine contre l'assassinat ne saurait être trop sévère pour effrayer et contenir des gens enclins vers cette funeste habitude.

Supposez un peuple dont le vice dominant soit l'orgueil, l'esprit d'insubordination, qui lui fera rejeter toute autorité, toute discipline, si bien que chacun s'isolera dans son indépendance ; s'il est attaqué par un voisin plus uni, plus discipliné, le premier devoir d'un bon citoyen ne sera-t-il pas de prendre, s'il le peut, l'autorité suprême? de ravir à ce peuple sa liberté dont il fait un si mauvais usage, afin de mieux résister à l'ennemi ? Car, la première loi d'un peuple, c'est d'exister; sinon, il sera la victime d'un voisin plus uni, mieux discipliné, comme le Mexique l'est des États-Unis. C'est l'union, plus que le courage, qui fait la force, car les Mexicains sont braves et se font bien tuer.

Les Russes étaient plutôt Asiatiques qu'Européens ; la civilisation européenne se développant à leurs portes, allait les envahir et les subjuguer probablement. Le czar Pierre voit le danger, arrache violemment son peuple à sa torpeur, à sa faiblesse, en lui inoculant malgré lui par le despotisme le plus révoltant, le plus inique souvent, l'esprit de discipline qui l'a mis au premier rang. Or, qui n'approuvera, qui n'admirera pour cela le czar Pierre, si bien surnommé le Grand ?...

Supposez encore un peuple, où tous les hommes (ce dont Dieu nous garde !) ne croyant pas en Dieu, en l'immortalité de l'âme, ni à la rémunération du bien, ni à la punition du mal, seront portés à se procurer toutes les jouissances, tous les plaisirs terrestres (les seules qu'ils attendent); quelles iniquités, quels crimes ne devront pas être commis par la soif des honneurs, des richesses et de la sensualité ! Quelles lois fortes et sévères ne faudra-t-il pas contre un tel peuple, si toutefois il peut exister ! Quelle police, quels gendarmes ne faudrait-il pas pour maintenir tant d'orgueils, tant de convoitises contraires !...

Supposez enfin un peuple soumis de cœur et d'esprit à toutes les prescriptions de la loi chrétienne ; où jamais les lois civiles ne seraient enfreintes, où nul ne ferait à autrui ce qu'il ne voudrait pas qu'on lui fît à lui-même : est-ce qu'évidemment un tel peuple ne pourrait pas se passer de lois répressives, aussi bien que le précédent en exigerait de terribles ?... Chacun s'appliquant de lui-même les lois civiles et politiques, n'aurait pas besoin de lois et d'officiers légaux, qui ne sont nécessaires que là où les lois sont enfreintes, ou menacées de l'être. Ce n'est point pour les honnêtes gens que sont créés les tribunaux et les gendarmes : un peuple dont les membres seraient exempts de vices, serait exempt des lois répressives que nécessitent ces mêmes vices ; car ce n'est que la tyrannie des vices, des passions anti-sociales, qui fait la tyrannie des lois politiques et civiles. Quand donc on veut affranchir un peuple, lui donner, en un mot, la liberté, c'est qu'on le juge capable de faire de lui-même ce qu'il ne faisait que par la contrainte de la loi ; car il est des lois nécessaires pour que la société existe, sinon elle se dissout et s'anéantit ; il faut, avant tout, qu'elles soient exécutées, de gré ou de force, qu'on soit n'importe sous quel régime, républicain ou monarchique. Ainsi, la république, qui est l'état où l'on doit jouir de la plus grande somme de liberté, est donc l'état où les hommes devront être le plus vertueux. Comme l'ont reconnu tous les politiques anciens et modernes, notamment Montesquieu, *Quid leges sine moribus prosunt ?* disait l'antiquité ; il n'est pas un historien (à moins qu'il n'ait un système auquel il veut soumettre les événements), qui n'attribue la fin des républiques anciennes et modernes à la corruption, à la dégénération du peuple. C'est, en effet, la seule raison. Il faut être aveuglé par l'esprit de système pour nier cette vérité, comme l'a fait Rousseau. Mais comment rendre les hommes vertueux, comment venir à bout de leur faire sacrifier leur intérêt propre à celui de tous, et à leur faire exécuter, par dévouement, ce que dans une monarchie, ils ne faisaient que par la contrainte ?

CHAPITRE VIII.

COMMENT LES HOMMES PEUVENT-ILS DEVENIR MEILLEURS ? SEULEMENT PAR LE CHRISTIANISME.

Les philosophes du dernier siècle ne manquèrent pas de prêcher la morale ; à côté de la liberté et de l'égalité, ils inscrivirent la fraternité. Toutes les maximes de l'Évangile furent adoptées par eux. C'était le règne de la vertu qu'ils voulaient faire régner sur la terre. S'ils nièrent et rejetèrent la divinité du Christ, ils en admirent, ils en prônèrent les angéliques préceptes, qu'ils voulurent s'approprier, mais en les dégageant des dogmes et des pratiques qu'ils qualifiaient de superstitieux. Ils promulguèrent par des lois, des établissements pour les pauvres, les infirmes, les malheureux de tous les états. Mais suffit-il de proclamer, de décréter la vertu, pour la faire pratiquer ? Hélas ! les révolutionnaires , qui ne furent que les exécuteurs testamentaires des philosophes, nous ont donné la mesure de leur capacité en fait de vertu. Les philosophes, les moralistes anciens recommandèrent aussi la vertu ; mais ont-ils arrêté les vices, les débordements du paganisme? Non. Eux-mêmes étaient enclins à des raffinements de débauche particuliers. Tout ce qu'ils ont fait, c'a été de constater notre entraînement vers le mal, que nous n'aimons pas ; et, comme dit Ovide : « Je vois le bien, je l'approuve ; pourtant, je fais le mal. » C'est ce penchant, si fort dans notre cœur corrompu, qui engendre tous les vices dont la force, la tyrannie nécessitent la tyrannie de la loi et de ses exécuteurs. Ce n'est qu'en se faisant violence qu'on surmonte ce funeste penchant, d'où il arrive que le mot de vertu est synonyme de force.

Qui nous expliquera la faiblesse mystérieuse de notre cœur pour accomplir le bien? Et qui, si ce n'est la religion qui, seule, nous a expliqué l'origine et la cause de cette corruption ? Le christianisme, en un un mot, qui seul, de toutes les religions, se propose de faire vaincre ce malheureux penchant, et de nous réhabiliter de notre dégradation. Car, toute sa loi est comprise dans ce commandement : « Aimer Dieu et son prochain ; » et toutes ses prescriptions, toutes ses ordonnances, sa science et sa discipline ne tendent qu'à abattre les obstacles qui s'élèvent, de notre cœur corrompu, contre ce divin commandement.

Écoutons saint Paul discutant cet état de l'homme, dans son Épître aux Romains, chap. VII, avec une profondeur, une sagacité vraiment prodigieuse. Je regrette de n'en pouvoir citer que ce qui suit : « Je n'approuve pas ce que je fais ; car je ne fais pas le bien que je veux, et je fais le mal que je hais. Or si je fais ce que je ne veux pas, je consens à la loi, et je reconnais qu'elle est bonne. Et maintenant, ce n'est plus moi qui fais cela, mais c'est le péché qui habite en moi. Car je sais qu'il n'y a rien de bon en moi, c'est-à-dire dans ma chair, parce que je trouve en moi la volonté de faire le bien ; mais je ne trouve pas le moyen de l'accomplir, et je ne fais pas le bien que je veux, et je fais le mal que je ne veux pas. Selon l'homme intérieur, je trouve du plaisir dans la loi de Dieu; mais je sens dans mes membres une autre loi qui combat contre la loi de mon esprit, et qui me tient captif sous la loi du péché qui est dans mes membres. Malheureux homme que je suis ! qui me délivrera de ce corps de mort ?... La grâce de Dieu, par Jésus-Christ notre Seigneur. »

Or, qu'est-ce que cette grâce de Jésus-Christ ? C'est le mérite du sacrifice de la Croix auquel il veut bien nous associer gratuitement : seul, le Fils de Dieu nous a appris l'origine et la cause de la contradictions de notre cœur qui fait le mal tout en aimant, en cherchant à faire le bien ; c'est par l'Écriture-Sainte que nous connaissons notre dégradation produite par la désobéissance de notre premier père, que nous naissons enfants et esclaves du péché, et que par le sacrifice expiateur de Dieu fait homme, nous parvenons à nous affranchir de ce funeste esclavage. Écoutons un de nos plus profonds génies, Pascal, sur ce terrible mystère de notre déchéance.

« Il est sans doute qu'il n'y a rien qui choque plus notre raison, que de dire que le péché du premier homme ait rendu coupables ceux qui, étant si éloignés de cette source, semblent incapables d'y participer. Cet écoulement ne nous semble pas seulement impossible, il nous paraît même très-injuste ; car, qu'y a-t-il de plus contraire aux règles de notre misérable justice, que de damner éternellement un enfant incapable de volonté, pour un péché où il paraît avoir eu si peu de part, qu'il est commis 6,000 ans avant qu'il fût un être. Certainement rien ne nous heurte plus rudement que cette doctrine ; et cependant, sans ce mystère le plus incompréhensible, nous sommes incompréhensibles à nous-mêmes. Le nœud de notre condition prend ses replis et ses tours dans cet abîme ; de sorte que l'homme est plus inconcevable sans ce mystère, que ce mystère n'est inconcevable à l'homme. » Il faut voir tout ce que ce profond philosophe dit sur la grandeur et la misère de l'homme, par suite de cette déchéance. On ne peut qu'y renvoyer ceux qui n'ont pas approfondi ce sujet.

C'est là le grand secret de notre humanité. Presque toutes les traditions religieuses des anciens peuples en gardaient un souvenir plus ou moins vif. Mais bien loin de prétendre nous guérir de cette infirmité native, toutes ont plus ou moins nettement avancé que Dieu devait envoyer celui qui relèverait notre race de cette corruption originelle. La rédemption du genre humain figurée dans les sacrifices des animaux : telle était l'attente du monde, selon l'opinion de Voltaire lui-même. Il est en effet venu ce Rédempteur, ce désiré des nations, en Jésus-Christ, qui nous appelle à nous relever de notre dégradation. Et non-seulement ce divin Sauveur nous a seul enseigné les principes éternels de justice, de charité que notre race avait perdus, par suite de sa révolte contre Dieu; mais il nous a donné le moyen de les faire pratiquer à notre nature si rebelle à la vertu.

Ils travaillent donc vainement, tous ceux qui prétendent élever sans lui l'édifice de la société, comme font tous les régénérateurs issus du *Contrat social.* Leurs plans, leurs systèmes, quelque brillants qu'ils puissent être, viendront toujours se briser, s'évanouir contre la corruption et l'égoïsme du cœur de l'homme. Ils n'ont pas prise sur lui : le Christ s'est réservé, et n'a donné qu'à son Église le pouvoir de le dompter. Dans leur ignorance de cette corruption et dans leur impuissance de nous en relever, nos soi-disant régénérateurs de la grande Révolution ne s'en occupèrent pas. Ils crurent faire merveille en cherchant et promulguant les lois les plus nobles, les plus dignes de l'homme, et non celles que l'homme était digne de supporter. Mais à la fin, quand ils virent dans toute sa hideur la plaie de sa corruption, quelle ne dut pas être leur stupeur et en même temps leur embarras !

Ainsi, quand Robespierre fut, on peut le dire, maître de la France, et qu'il vit que, par son éloquence, il ne guérissait pas les hommes de leur égoïsme, et ne leur faisait point pratiquer les vertus, sans lesquelles son utopie était impossible, que pouvait-il faire? Convenir de son impuissance à nous faire acquérir et pratiquer ces vertus si indispensables. La loyauté lui en faisait un devoir. Mais à un soi-disant médecin qui, devant un malade, dirait : « Je sais la cause de la maladie, mais j'en ignore le remède, » ne répondrait-on pas : Vous êtes un honnête homme, si vous n'êtes bon médecin? Cédez donc la place au vrai médecin, qui saura le remède aussi bien que la cause de la maladie. De même, si Robespierre, si les régénérateurs de 1793 fussent venus dire : Toutes les inégalités, les corruptions, les misères de l'humanité proviennent de ce que les hommes sont vicieux, égoïstes et méchants; mais nous ne pouvons pas les rendre charitables, bons et vertueux, — ne leur aurait-on pas dit : Laissez-nous donc revenir à la religion chrétienne, qui seule nous rend possible et facile la pratique de ces vertus. Or, comme c'était le renversement de cette religion qu'ils se proposaient avant tout, bien loin d'avouer leur impuissance, ils ont conçu l'orgueilleuse espérance de réaliser le christianisme sans le secours du Christ. Ils lui ont dérobé ses divines, ses fraternelles maximes; mais n'ayant pu lui dérober le moyen de les faire exécuter par la persuasion, ils se sont vus dans l'obligation d'employer tout leur pouvoir, la violence et la guillotine, pour faire pratiquer la vertu ou ce qu'ils appelaient de ce nom.

Les modernes successeurs de Robespierre, les socialistes, adoptent un autre moyen. Ne pouvant pas plus nier que vaincre notre égoïsme et notre corruption, ils ont avancé que nos vices, nos passions n'étaient mal que parce que les lois les définissaient tels. Et alors, ils ont dit, en vertu du Contrat social qui met le principe de la loi dans l'homme au lieu de le mettre en Dieu : Faisons des lois qui déclarent que le mal est bien, et il n'y aura plus de mal. De là, ils en sont venus à innocenter la prostitution, à proscrire la famille, à déclarer que la propriété est le vol, que Dieu est le mal; en fin, à hurler : A bas Dieu ! vive l'enfer !

Certes de pareils résultats sont assez révoltants pour faire reculer d'horreur et d'épouvante. Au moins, quand, dans les premiers âges du monde, les hommes s'éloignèrent du vrai Dieu, ils adorèrent d'abord ses plus brillants ouvrages, les astres ; puis leurs grands hommes, leurs bienfaiteurs ; ensuite, leurs vices qu'ils déifièrent ; enfin, des animaux, même le bois, la pierre et le métal. Ce ne fut que par degrés qu'ils descendirent l'abîme de l'idolâtrie ; mais nos socialistes en viennent du premier pas à des excès inconnus même au paganisme le plus débordé. C'est que leur révolte n'est pas la première contre le Christ; elle n'est que la conséquence, et probablement la dernière forme de celle du XVIᵉ siècle, comme eux-mêmes et tous les esprits profonds le reconnaissent. Puisse la vue des abominations qu'ils osent d'avance étaler devant nous, ouvrir les yeux aux moins clairvoyants, surtout à ceux qui ne veulent pas voir que l'on est fatalement conduit à de tels excès par le reniement du christianisme, comme nous le démontrerons plus loin! Tous nos régénérateurs sont unanimes pour renverser cette divine religion; les uns le font audacieusement; les autres, plus timides, le supposent mort, et se figurent l'enterrer sous les fleurs hypocrites de leurs oraisons funèbres. Car ils ne peuvent vivre en sa présence ; sa lumière éclaire trop leurs turpitudes, leurs folies. Mais ils ont beau faire, cette lumière brille toujours ; et parce que dans leur démence ils y refusent l'œil de leur cœur, la plus grande partie de la terre s'éclaire encore à ses rayons.

CHAPITRE IX.

OU L'ON VOIT COMMENT LE CHRISTIANISME CORRIGE L'HOMME ET LA SOCIÉTÉ.

Quelle est donc, demandera-t-on, cette force secrète, que le Christ inspire à ses fidèles pour combattre et vaincre cette force du mal, qui est dans notre cœur, dans notre sang ? Car, enfin, les faits sont là, patents ; il faut se fermer volontairement les yeux pour ne pas les voir. Tous les jours et partout, le christianisme nous fait voir des hommes esclaves de penchants passés à l'état d'habitude, s'en corriger et pratiquer les vertus contraires ; comme il nous montre des âmes qui dès l'enfance se sont maintenues dans un état de candeur, de pureté angélique. Il nous fait voir des hommes quittant les douceurs d'une position riche et honorée, pour se vouer au service des autels si pénible à notre nature, si méprisé de tant de monde, pendant que d'autres se vouent au métier plus rude, peut-être, de l'enseignement. De faibles femmes se consacrent avec bonheur au soulagement des infirmités, non-seulement de leurs concitoyens, mais de sauvages qui méritent à peine le nom d'hommes. Elles les guérissent, en courant les plus grands dangers, je ne dis pas de la mer, de l'inclémence de pays différents du leur, de la peste, des privations de toutes sortes ; mais même de la part de ceux qu'elles viennent soulager ; leur merveilleuse, leur divine patience, gagne souvent ceux que l'éloquence des missionnaires n'avait pu toucher. Eh bien ! consultez ces héros du dévouement de la fraternité, et ils vous diront que, s'ils pratiquent des vertus si au-dessus de notre nature perverse, c'est parce qu'ils se tiennent en communion étroite incessante avec Dieu, par les moyens prescrits, et que plus cette communion est étroite, plus leur deviennent doux et légers les sacrifices qui semblent impossibles à ceux qui n'ont pas idée de l'efficacité de ces moyens. C'est un phénomène moral que l'on constate comme un phénomène physique par l'expérience et l'observation (1). Et maintenant que cette loi chrétienne produit des effets si merveilleux sur le cœur de l'homme, voyons ce qu'elle devra produire sur les hommes réunis en corps de peuple ; et pour cela, jetons un rapide coup d'œil sur les enseignements de l'histoire.

On a érigé plusieurs systèmes pour connaître la loi, la philosophie de l'histoire. Mais sans nous perdre dans tous ces systèmes qui se contredisent, se réfutent les uns les autres, constatons un fait que confirme l'histoire à peu près de toutes les nations.

Un peuple confiné dans un pays infertile, accoutumé à vivre de privations, dans les rudes exercices de la guerre et de l'agriculture, se trouve un jour plus fort, plus nombreux que ses voisins, plus riches, plus corrompus, partant plus faibles. Il les subjugue ; prend lui-même la meilleure, sinon toute la part de ce pays. Il s'y établit avec ses lois, ses mœurs, et garde dans cette nouvelle position, plus ou mois longtemps, ses premières vertus. Il développe sa puissance, son génie, en un mot, et brille glorieusement en vainqueur parmi les nations. Puis, dans la jouissance des richesses, des grandeurs, des plaisirs,

---

(1) Je ne puis m'empêcher d'indiquer ici une preuve irréfutable de la vérité, de la sainteté du catholicisme, et qui suffit seule à démontrer que le Christ est avec lui et non avec le protestantisme.

Aimer Dieu et son prochain, voilà toute la loi, est-il dit dans l'Evangile. La véritable Église sera donc celle où ces deux préceptes seront le mieux accomplis. Or, le catholicisme nous fait voir dans les Sœurs de Charité, dans les missionnaires de tous les ordres, les miracles de charité et de prosélytisme des premiers temps, et ces héros, ces héroïnes chrétiens reconnaissent qu'ils doivent de pratiquer ces sublimes vertus à leur communion avec Dieu. D'un autre côté, nous voyons par l'expérience que les sectes protestantes ont beau vouloir singer nos Sœurs de Charité et nos missionnaires, elles ont beau prodiguer des millions ; ces coûteux efforts ne font que constater leur ridicule impuissance à égaler nos sœurs et nos missionnaires. En faut-il davantage pour prouver que le Christ est avec l'Église catholique et non avec les protestants ?

Encore un fait. Dans les pays protestants on est si peu charitable, qu'on a dû imposer la taxe des pauvres. Dans les pays catholiques, la charité particulière suffit à tout. Pendant l'hiver de 1846 à 1847, la France non-seulement nourrit ses pauvres, mais elle trouva encore quelque chose à envoyer à l'Irlande que la protestante Angleterre laissait mourir de faim.

il se corrompt, s'affaiblit, et devient à son tour la proie d'un autre peuple plus fort et meilleur. Ainsi firent les Perses contre les Assyriens, les Grecs contre les Perses, les Romains contre les Grecs, et des flots des Barbares du Nord de l'Europe contre les Romains ; mais ici, cette loi, cette règle change. Ces Barbares se civilisent lentement, se développent de siècle en siècle, et prennent chaque jour plus d'ascendant dans la législation, dans l'administration, dans les arts, dans les sciences de toutes sortes, dans les lettres, mais surtout dans la guerre. D'où vient ce phénomène qui contredit la loi des siècles passés ? De l'influence du christianisme, répondrons-nous, puisque ses ennemis en conviennent eux-mêmes. C'est en vain qu'ensuite ils prétendent en étayer leur principe du progrès indéfini, il faut qu'ils expliquent non-seulement pourquoi l'Europe est ainsi, mais pourquoi les peuples païens, tant anciens que modernes, ne sont pas de même que l'Europe. Il ne suffit pas d'énoncer un système, il faut encore en donner le principe générateur. Or, c'est ce que fait seul le christianisme, par l'expérience d'abord, puis par la spéculation. En effet, on sent que sa loi de fraternité (qu'il fait seul exécuter) amène les hommes à s'entr'aider au lieu de se nuire. Elle les a unis, et par cette union elle a multiplié leurs forces à l'infini. Toutes les lois tant civiles que politiques et administratives, se sont peu à peu modifiées sur cette loi divine. La tyrannie de nos vices, de nos passions, faisant seule la tyrannie des lois ; là où les passions sont dominées, comprimées par une influence supérieure, les lois civiles et politiques doivent nécessairement s'adoucir. Voyez combien sont bénignes, sont humaines, les mœurs, les lois des pays chrétiens, comparées à celles des pays païens, anciens et modernes ? Et alors, qui ne conviendra qu'elle est profondément vraie et fructifiante cette parole du Christ : « Cherchez d'abord le royaume de Dieu (c'est-à-dire, suivez ses commandements) et le reste vous viendra par surcroît ? » C'est qu'en effet, toutes les misères de l'humanité provenant de son penchant vers le mal, corriger, faire disparaître ce funeste penchant, est la première chose à faire pour assurer son bonheur, quelle que soit la forme du gouvernement. Et maintenant jugeons à cette lumière du christianisme les trois dogmes de la république ; et commençons par la liberté qui sert de ralliement à tant de monde, mais dans des vues bien différentes.

CHAPITRE X.

EXAMEN DE LA LIBERTÉ, DE L'ÉGALITÉ ET DE LA FRATERNITÉ AU POINT DE VUE DU CHRISTIANISME.

La liberté pour le chrétien signifie l'affranchissement de ce funeste penchant, qui nous porte à commettre le mal, même malgré nous. Avec cette liberté, il a toutes les autres ; sans elle il n'en a aucune d'assurée. Les philosophes, au contraire, ont défini la liberté, le pouvoir qu'a tout homme de faire ou de ne pas faire ce que bon lui semble, sans tenir compte de ce funeste penchant qui l'entraîne vers le mal qu'il déteste.

Dans la spéculation, ils nous supposent tous bons, tous vertueux ou du moins susceptibles de le devenir par de bonnes lois et par de bonnes constitutions ; puis, quand ils voient que, malgré leurs beaux discours, les hommes ne sont pas moins égoïstes et méchants ; étonnés, confondus, ils s'irritent, et dans leur exaspération ils traitent comme un ennemi cette infirmité qui porte à abuser de la liberté ; se sentant incapables de la guérir, ils s'imaginent l'anéantir en tuant ceux qui en sont le plus atteints. En un mot, ils massacrent, ils exilent, ils dépouillent les gens pour les obliger d'être vertueux et libres.

M. Francis Wey dit que c'est sous la république que l'on a la liberté absolue, tandis que sous la royauté on n'a que des libertés fragments de la liberté absolue. Mais il se trompe faute de connaître la véritable liberté et les obstacles qui s'opposent à sa réalisation. Ces obstacles sont les mêmes sous un roi que sous une république. N'importe sous quel gouvernement, nos vices, nos passions seront les mêmes, et nécessiteront des lois et des exécuteurs pour les réprimer ; sinon la société doit se dissoudre : ou bien il faudrait admettre que le mot de république est un talisman qui a le pouvoir de nous affranchir de la servitude du mal, et qu'il suffit de se dire républicain pour être aussitôt doué de toutes les vertus ; ce que l'expérience n'a pas encore tout-à-fait démontré. Je ne vis point avec des républicains purs de la veille; mais, sans les connaître et sans leur faire tort, je parierais qu'ils ne sont pas plus vertueux, en général, que ceux du lendemain, voire même que ceux qui ne sont pas du tout républicains.

Il serait impossible de trouver dans aucune langue un mot plus susceptible d'interprétations différentes, même contraires, que celui de liberté : pour un peuple attaqué par un autre peuple, différent de mœurs, de lois, de génie, c'est la conservation de son indépendance, de ses lois, de ses mœurs.

Pour un cœur noble et généreux, c'est l'honneur d'accomplir seul les devoirs que les faibles et les méchants n'accomplissent que par la crainte des lois et de leurs exécuteurs.

Pour un paresseux, pour le nègre, la liberté c'est le droit de ne rien faire. Pour les cœurs jaloux, envieux, c'est le pouvoir d'abaisser à leur niveau toutes les supériorités qui les offusquaient, même celle de la vertu, comme le témoigne l'ostracisme d'Aristide.

Pour le voleur, le voluptueux, etc., c'est le pouvoir de ne pas se contraindre dans leurs penchants...

On voit donc le danger, l'imprudence de proclamer la liberté absolue à des hommes dont le cœur est esclave de passions. Quand on l'érigera en dogme politique, sans s'assurer si les hommes n'en abuseront pas pour satisfaire leurs passions aux dépens des faibles laissés sans défense, on lancera la société dans les monstruosités de la terreur, ou dans les abominations du socialisme. Cette liberté absolue ne peut être donnée sans danger qu'à ceux qui ont la vertu absolue, aux parfaits chrétiens. Cette liberté eût été le partage de l'homme, s'il n'eût pas démérité en Adam son premier père. Tous nous sentons que c'est pour cet état que nous fûmes créés; aussi l'effort que l'on fait de temps en temps dans le monde pour y revenir trouvera-t-il toujours de l'écho dans notre orgueil, mais toujours aussi l'expérience démasquera les obstacles qui s'opposent à cette chimère. Buonaparte disait qu'il faudrait pour la réaliser que les gouvernants fussent des dieux et les gouvernés des anges.

Continuons d'examiner les deux autres dogmes de la république. Plusieurs croient entonner du sublime, quand ils disent : Tous les hommes sont les mêmes; ils ont le même cœur, les mêmes facultés, les mêmes organes; ils sont tous issus du même père, donc ils sont tous égaux. Non, dirai-je, c'est une erreur.

Les hommes naissent profondément inégaux en forces intellectuelles et physiques, surtout en sagesse et en vertu, et ces inégalités naturelles sont encore plus développées par l'éducation de la jeunesse et la conduite de toute la vie ; voilà ce qui fera que l'égalité sera toujours une chimère.

Soit, dira-t-on, nous ne pouvons nier ces inégalités de nature. Mais nous ne voulons plus des inégalités d'établissement, des aristocraties héréditaires. A la bonne heure ; voilà la seule signification de l'égalité, celle que tant de monde demande depuis 60 ans. Il serait inutile d'essayer de faire revenir le siècle sur cette prévention. En vain on lui prouverait, l'histoire en main, qu'une aristocratie a seule donné de la force et de la durée à toutes les formes de gouvernements, monarchiques ou républicains ; en vain ferait-on voir que si l'hérédité des charges arrête et contrarie l'ambition de quelques-uns, qui profitent de l'élection, le plus grand nombre (qui doit toujours obéir et jamais commander) reconnaît et subit plus volontiers une autorité ancienne et incontestée ; que l'élection n'est favorable qu'à l'intrigue et à la corruption, et que l'Etat, toujours en agitation, est loin de s'en bien trouver : rien n'y ferait aujourd'hui. D'ailleurs, la Révolution ayant détruit la seule aristocratie qu'il y eût en France, on ne peut pas plus songer à rétablir l'ancienne qu'à en créer une nouvelle. On ne pourra revenir sur ce fait accompli. L'avenir seul nous apprendra si la France doit s'en trouver bien ou mal.

Ils disent encore : Il n'est pas juste que les uns aient la richesse, les autres la misère : nous verrons au chapitre xviie comment la fortune ne peut être séparée de celui qui l'a acquise. Qu'on amène donc (c'est le but de la religion) celui qui a trop, à donner à celui qui n'a pas assez. Mais amenez-l'y par la persuasion ; car si vous employez la force pour faire exécuter le bien, n'oubliez pas que vous êtes comparable, quant au procédé, à ce Catalan qui faisait accomplir la charité avec son escopette. Mais l'homme aura beau sermonner l'égoïsme et l'avarice, comme il n'a pas de quoi payer les sacrifices qu'il exige, il ne lui restera que la violence, comme aux terroristes et aux socialistes, pour faire exécuter ces sacrifices. Les hommes naissent profondément inégaux en qualité, en forces morales intellectuelles et physiques, et cette inégalité fera toujours qu'il y aura des inégalités dans la position des hommes entre eux ; de là des jalousies, des haines interminables si le christianisme ne les apaise.

Que dirons-nous de la fraternité ? Savez-vous bien ce que c'est, vous qui la prêchez ? Savez-vous bien que c'est le sacrifice de soi-même, de ses passions, de ses intérêts, quand ce sacrifice importe à nos frères ? Or, est-ce donc si facile, si commun ? est-il si naturel d'aimer les hommes en général, si peu aimables, si égoïstes, si haineux, si ingrats ?... Et qu'avez-vous pour payer de tels sacrifices ?... Etes-vous donc sans savoir que la passion à un certain degré n'échangerait pas le pouvoir de se satisfaire contre le plus bel empire de la terre ?.. Allez ! la passion de la vengeance, de la cupidité, surtout de l'amour et de la haine, se riront de vos sermons et de votre morale d'emprunt. Comment ! elles écoutent à peine Dieu, qui mourut volontairement sur la croix, couvert de soufflets, de crachats, de moqueries, pour avoir le droit de leur dire : « Pardonnez comme moi à ceux qui vous feront du mal, aimez ceux qui vous outragent, et en récompense je me donnerai moi-même à vous avec l'empire des cieux, vous serez mes frères et les enfants de Dieu !.. » et vous pouvez vous persuader qu'à votre voix sans autorité elles lâcheront la proie de leur convoitise !... Quelle inepte aveuglement ! quelle présomption !...

L'homme a beau faire, il ne trouvera jamais en lui que la force pour faire exécuter la vertu ; et ceux qui l'accompliront ainsi n'auront pas de mérite, n'ayant pas la liberté.

On voit donc combien sont vains, impossibles, les trois dogmes de la République sans le christianisme. Mais revenons au *Contrat social,* cet évangile du désordre.

CHAPITRE XI.

COMMENT LES SOCIALISTES SONT FORCÉMENT CONDUITS A LA DESTRUCTION DE LA FAMILLE ET A TOUS LES EXCÈS QU'ON LEUR REPROCHE.

Dans la théorie nos régénérateurs n'expliquent pas ou expliquent mal l'entraînement fatal de notre cœur vers le mal ; aussi les voyons-nous impuissants contre cette infirmité dont ils méconnaissent l'origine et la nature. Mais dans la pratique tous ses partisans ne peuvent éviter de compter avec elle ; et alors ils en appellent à leur Code qui dit : « Si le souverain ne doit aucune garantie à ses sujets, ceux-ci pouvant avoir un intérêt contraire à la volonté générale, le souverain doit avoir une force qui lui assure l'obéissance de ses sujets, ce qui ne signifie autre chose, sinon *qu'on les oblige d'être libres.* » C'est donc pour nous forcer à être libres que les socialistes nous enlèvent toute liberté, toute propriété, y compris notre femme et nos enfants. Tous, il est vrai, ne proclament pas ouvertement ces conséquences de leurs principes ; mais comme tous doivent en venir là, qu'ils le veuillent ou non, tâchons d'en découvrir la raison.

Ils sentent que n'ayant pas en eux l'autorité qui provient du Christ par la persuasion, il ne leur reste plus que celle de la force pour se faire obéir. L'existence de leur société dépendant de la grandeur de cette force, ils devront tout sacrifier à l'établir ; ils ne pourront souffrir dans leurs sujets une force indépendante, qui pourrait contrebalancer celle de l'Etat ; celui-ci ne se croira fort que de la faiblesse, de l'impuissance de ses sujets. Il devra, pour sa sûreté, pour sa stabilité, absorber toutes leurs forces ; il voudra qu'ils tiennent de lui, de lui seul, leur éducation, leur pain quotidien ; le lien le plus doux comme le plus fort dans le cœur de l'homme, celui de la famille, devra être le premier brisé. Car on sait ce que peut l'amour des enfants dans le cœur de l'homme : pour eux, le plus faible, le plus lâche peut s'élever jusqu'à l'héroïsme. La ligue des pères de famille pourrait renverser ces systèmes de régénération, c'est pourquoi ils détruisent la famille et innocentent la prostitution et la promiscuité. Il n'y aura pas moins d'enfants au bout du compte, et des bâtards étant plus sous la dépendance de l'Etat feront mieux son affaire. C'est autant pour cette raison, que parce qu'ils sentent leur impuissance à réprimer les désordres de la chair et du sang, qu'ils sont tous arrivés à la proscription de la famille. Rousseau n'osa pas la condamner, il est vrai, il eût trop révolté son époque ; il se contenta de mettre en pratique ce que ses élèves les socialistes émettent en principe.

Ainsi, c'est pour avoir mis en l'homme, et non en Dieu, le principe de l'autorité, que le *Contrat social* et ses exécuteurs les plus logiques, les socialistes, ont dû absorber dans l'Etat les forces de tous les sujets, et qu'ils en viennent à décorer du nom de liberté cet esclavage général de tous par tous. Jadis au moins l'esclavage des uns assurait la liberté des autres : mais ici, sauf les meneurs et les exécuteurs de l'Etat, tous seront également esclaves; mais alors tous voudront être meneurs pour n'être pas menés, et l'on retombe dans les inégalités qu'on prétendait éviter.

Les hommes ont une si forte aversion pour le travail, surtout pour certains travaux, qu'à peine s'ils s'y décident pour leur intérêt propre; que sera-ce quand ils travailleront pour les autres ?... il faut le renoncement des Trappistes pour travailler ainsi. Un grand nombre d'hommes par nécessité, par paresse, ne craignent pas de se mettre à la charge du public : que sera-ce quand l'Etat aura pris l'obligation de les entretenir et de les faire travailler?.. alors certainement il devra employer la force contre les paresseux et les négligents. Se figure-t-on les violences, les vexations que les agents de l'Etat seront libres d'exercer (1)? Les récalcitrants, s'ils égalent le nombre de ces agents, se défendront; ils domineront s'ils sont les plus nombreux : pour que cet état marche, il faudra pour le moins que les deux tiers des hommes soient occupés à faire travailler le tiers restant qui devra nourrir la communauté ; c'est-à-dire que les uns seront les bourreaux, les tourmenteurs des autres. Hé ! bon Dieu ! qu'on attende d'être en enfer pour s'infliger le supplice des damnés.... Ah ! combien ne devons-nous pas chérir et conserver la seule religion qui, ayant seule le pouvoir de nous affranchir de la tyrannie de nos passions, nous affranchit ainsi de la tyrannie de pareilles lois, et nous assure toute la liberté dont peut jouir notre race corrompue !

Il est vrai, qu'il est bon nombre d'honnêtes antichrétiens qui reculent devant les horreurs du socialisme et rêvent la continuation de la société sceptique, sybarite, du dernier siècle et de celui-ci. Ils croient, les aveugles ! qu'elle peut toujours durer ainsi, ils ne voient pas que si la société tient encore debout, bien qu'ils aient rejeté de leur cœur la pierre de l'angle,

____

(1) On a eu tort d'affranchir les nègres qu'on faisait travailler de la sorte. Il fallait attendre que les blancs d'Europe fussent soumis au même régime. Blancs et nègres se seraient ainsi trouvés égaux sous le même esclavage qu'on aurait décoré du nom de liberté.

c'est qu'elle est encore chrétienne dans ses mœurs et ses usages; eux-mêmes sont chrétiens plus qu'ils ne le soupçonnent sur une infinité de points ; leur haine du socialisme vient de leur christianisme. Mais plus il s'affaiblira, plus deviendront dures, impossibles, les vertus qu'il faisait pratiquer presque naturellement ; et alors la société, pour exister, sera forcément amenée par degrés à adopter les unes après les autres les servitudes des socialistes. Ceux-ci franchissent bravement d'un bond l'abîme que les autres] antichrétiens ne descendent que pas à pas et à contre-cœur.

Ils rêvent donc bien l'impossible ceux qui veulent être républicains, mais en rejetant également le socialisme et le christianisme. La république étant l'état qui exige le plus de vertus, de sacrifices de notre égoïsme, et ces vertus ne pouvant s'acquérir que par la religion qu'ils renient, ils me font l'effet de gens qui saperaient de la main gauche l'édifice qu'ils élèveraient de la main droite. Ils se figurent cueillir dans le cœur de l'homme les fruits que produit seul l'arbre de vie du christianisme; comment qualifier leur aveugle dessein ?.. Ils n'espèrent rien moins que cueillir les conséquences du principe qu'ils rejettent, et éviter les conséquences du principe qu'ils adoptent. Mais on ne peut trop leur crier, dût-on leur paraître importun : Si vous rejetez le Christ pour baser votre société, vous ne pouvez l'établir que sur l'homme ; et alors vous ne devez recueillir que ce que peut produire l'homme, l'erreur, l'imperfection et la mort; vous ne trouverez chez lui, ni la vertu, ni la vérité absolues. Il n'a pas plus le don de découvrir pleinement celle-ci que de pratiquer complètement celle-là. On peut bien ravir au Christ ses divins préceptes pour les tourner contre lui-même, pour essayer de le battre avec ses propres armes; mais nul n'a pu, nul ne pourra jamais lui ravir le pouvoir de les faire pratiquer à notre nature corrompue. C'est ce qu'avaient essayé de faire nos Prométhée révolutionnaires ; mais leur chute dans le sang nous a appris et apprendra à tous les peuples, à toutes les générations, à ne plus douter de cette vérité.

Pour mieux nous en convaincre, examinons à l'œuvre ces révolutionnaires de 1793, leur exemple nous apprendra mieux encore que la spéculation et le raisonnement les funestes conséquences des principes auxquels ils se vouèrent.

CHAPITRE XII.

COMMENT LES TERRORISTES FURENT CONDUITS A LEURS MONSTRUOSITÉS.

Ce qui frappe de surprise chez les exécuteurs de la pensée du xviiie siècle (je ne parle ni des intrigants, ni des monstres qui ne virent, dans la révolution, qu'un moyen de satisfaire leurs mauvaises passions), ce qui frappe, dis-je, c'est leur foi, leur dévouement à leurs principes ; ces principes étant à leurs yeux les seuls vrais, les seuls capables de faire le bonheur de l'humanité, ils ne reculèrent devant aucun moyen pour en doter leur patrie. Que dis-je? plus ces moyens répugnaient au cœur, à la nature, plus ceux qui les employaient méritaient bien de la patrie. C'était sur son autel qu'ils versaient des flots de sang de leurs frères dont l'unique tort était de ne pas partager la même foi. Ces hommes au cœur de fer, les pieds dans le sang, la tête également menacée par les ennemis du dedans et les ennemis du dehors, suivaient les conséquences de leurs principes avec une persistance aveugle, avec un courage indomptable; rien ne les détournait de leur but. Les Français sont les meilleurs logiciens de tous les peuples ; les révolutionnaires furent les plus aveugles logiciens de tous les Français ; ils ne sourcillaient pas plus d'envoyer à la mort les ennemis déclarés de leurs principes, que leurs amis de la veille, soupçonnés de refroidissement dans leur zèle patriotique : leur fanatisme surpassa celui des anciens Romains et des premiers Spartiates toujours prêts à tout sacrifier au Moloch de patrie. Jamais ceux qui mouraient victimes de ces principes ne les rétractèrent, ils périrent les uns par les autres (sauf les intrigants), en accusant les traîtres, mais jamais leurs principes; le fanatisme des Musulmans fut peut-être surpassé.

Charles Nodier raconte une anecdocte qui peint d'un trait le zèle farouche de ces hommes de fer. Saint-Just, en tournée à l'armée du Rhin, avait défendu aux soldats de se déshabiller la nuit dans les tentes. Apprenant que dans un corps de cette armée se trouvait un de ses amis d'enfance et de collége, il va vers lui, et le trouve qui se rhabillait pour le recevoir. Saint-Just ne dit rien d'abord ; il se livre aux doux épanchements du jeune âge, s'en rappelant avec bonheur les joies et les inquiétudes. Puis en le quittant, il lui dit : « Tu as enfreint mon ordre, et comme tu es mon ami, je ne puis, pour l'exemple, te faire grâce, tu seras donc fusillé demain. » Ce qui ne manqua pas en effet.

Mais il est surtout un homme qui résume en lui le génie de cette époque terrible, un homme dont le désintéressement, le dévouement aux principes révolutionnaires, lui donnèrent une popularité vraiment prodigieuse, si bien qu'il fut un instant le dictateur de la France. Cet homme est Robespierre. Cette sinistre figure, comme celle des hommes de cette époque, vient d'être dépeinte dans l'ouvrage récent de M. de Lamartine, dans *les Girondins*. Ces hommes et leurs passions semblent revivre sous les vives couleurs du brillant écrivain ; mais ils sont loin d'y être jugés d'après les principes éternels de la vérité et de la réalité humaine. L'auteur flotte des uns aux autres sans critique. Les crimes et les vertus y sont retracés du même éclat, sans presque jamais trahir l'émotion de l'auteur, et ce n'est que par moments qu'il entrevoit le fond du cœur et des principes de ces hommes. Ce Robespierre étant, on peut dire, l'incarnation vivante des principes du *Contrat social,* il sera instructif pour notre but de voir où il aboutit enfin ; mais avant, j'entends faire mes réserves. M. de Lamartine présente cet homme et les autres révolutionnaires sous le jour le plus favorable. Il leur attribue des intentions, des desseins qu'ils peuvent avoir eus ; mais comme la chose ne m'est pas démontrée, je déclare en laisser l'entière responsabilité à l'auteur des *Girondins*. Si je raisonne d'après ses assertions, c'est afin que ma réfutation soit plus forte, plus évidente. Les admirateurs de cette époque néfaste ne pourront pas se plaindre que je ne me mets pas à leur point de vue, ni que je la juge d'après les passions de leurs ennemis, puisque je prends les hommes et les principes pour ce qu'ils les donnent eux-mêmes. Robespierre avait abattu tous les hommes qui pouvaient lui disputer l'autorité et le pouvoir de réaliser ses plans. Les Girondins Danton, Hébert, morts sous la guillotine, lui laissaient le champ libre : la Convention, victorieuse au-dehors de l'Europe comme au-dedans, de la Vendée, de Lyon et de Toulon, appartenait, on peut, le dire à Robespierre. Or, voici comment M. de Lamartine dépeint sa situation.

« Il était arrivé au bout de ses pensées et ne savait en réalité quelle forme il convenait de donner aux institutions révolutionnaires. Homme d'idée plutôt qu'homme d'action, Robespierre avait le sentiment de la Révolution plus qu'il n'en avait la formule politique. L'âme des institutions de l'avenir était dans ses rêves. Le mécanisme d'un gouvernement lui manquait ; ses théories toutes empruntées aux livres, brillaient vagues comme des perspectives, nuageuses comme des lointains. Il les regardait toujours, il s'en éblouissait, il ne les touchait jamais avec la main ferme et précise de la pratique. Il ignorait que la liberté elle-même a besoin de tête pour vouloir et de bras pour exécuter. Il croyait que les mots sans cesse répétés de liberté, d'égalité, de désintéressement, de dévouement, de vertu, étaient à eux seuls un gouvernement. Il prenait la philosophie pour la politique ; il s'indignait de ses mécomptes ; il attribuait sans cesse aux complots de l'aristocratie et de la démagogie ses déceptions ; il croyait qu'en supprimant la société des aristocrates et des démagogues, il supprimerait les vices de l'humanité, et les obstacles aux jeux des institutions ; il avait pris le peuple en illusion au lieu de le prendre au sérieux ; il s'irritait de le trouver souvent si faible, si lâche, si cruel, si ignorant, si indigne du rang que la nature lui assigne ; il s'irritait, il s'aigrissait, il chargeait l'échafaud de lui faire raison des difficultés ; puis, il s'indignait des excès de l'échafaud lui-même ; il revenait aux mots de justice, d'humanité. Il se rejetait de nouveau aux supplices, il invoquait la vertu, et il suscitait la mort, flottant tantôt dans les nuages et tantôt dans le sang. Il désespérait des hommes, il s'effrayait de lui-même. La mort, toujours la mort, s'écriait-il souvent dans l'intimité, et les scélérats la rejettent sur moi !... Quelle mémoire je laisserai si cela dure ! La vie me pèse ! » (Tome 8ᵉ, *Histoire des Girondins.*

Dans cette citation, la vérité semble se laisser vaguement entrevoir aux yeux de l'historien et du héros ; tous deux semblent sentir, sans se l'avouer pourtant : 1° combien ces rêves philosophico-politiques sont opposés à la réalité ; 2° la faiblesse de l'homme et ses vices contre lesquels l'homme ne peut rien ;

3° que l'on ne peut violer impunément les lois de la justice, même pour la faire triompher ; 4° qu'avec ces utopies on ne prenait l'humanité qu'en illusion, et non au sérieux.

CHAPITRE XIII.

SUITE. COMMENT M. DE LAMARTINE CONFIRME NOS ASSERTIONS DANS SON APPRÉCIATION DE ROBESPIERRE.

Mais le brillant auteur des *Girondins* va nous faire mieux sentir encore cette vérité, moins pourtant par ce qu'il dira, que par ce qu'il nous amènera à dire. Son texte sera compris entre les guillemets, nos observations seront en italiques. Et n'oublions pas que, si nous insistons si fort sur Robespierre, c'est qu'il est le plus vrai, le plus complet, le plus rationnel exécuteur des principes du *Contrat social*. Voici le jugement de M. de Lamartine sur cet homme : « Sa mort fut la date et non la cause de la fin de la terreur. Les supplices allaient cesser par son triomphe, comme ils cessèrent par sa mort. » *C'est ce qui ne semble pas encore bien prouvé.* « La justice divine déshonorait ainsi son repentir, et portait malheur à ses bonnes intentions ; elle faisait de sa tombe un gouffre fermé ; elle faisait de sa mémoire un énigme dont l'histoire frémit de prononcer le mot, craignant également de faire injustice si elle dit crime, ou de faire horreur si elle dit vertu ; pour être juste et instructif, il faut associer hardiment ces deux mots qui répugnent d'être mis ensemble, et en composer un mot complexe ; » *c'est une alliance de mots impossible même au plus hardi poète, et c'est pourtant ce que son panégyriste trouve à dire de plus favorable sur cet homme ;* « ou plutôt il faut renoncer à qualifier ce qu'il faut désespérer de définir ; cet homme est et restera sans définitions. » *Oui, au point de vue de l'auteur et de l'antichrétien ; mais on l'explique simplement au point de vue du christianisme même du sens commun. Robespierre ne plaçant la vertu et le pouvoir de l'accomplir que dans l'homme, tandis qu'elle ne réside et ne se pratique que par le sacrifice de la croix, du moment qu'il rejetait ce sacrifice réparateur, il s'ôtait le moyen d'accomplir les vertus que la République doit atteindre pour subsister. Dès lors, Robespierre devait aboutir à l'impasse contre lequel ses ennemis le broyèrent.* « Il y a un dessein dans sa vie, et ce dessein est grand : c'est le règne de la raison par la démocratie. » *Il a réalisé l'erreur fondamentale du* xviiiᵉ *siècle, résumée dans le* Contrat social. *C'est pour cela qu'il est tombé dans tant d'excès.* « Il y a un mobile dans sa vie, et ce mobile est divin : c'est la soif de la vérité, de la justice par les lois. » *Les lois humaines pour être bonnes doivent refléter les lois divines ; si elles sont faites et bornées à l'horizon de l'homme, se passionner pour elles, en poursuivre l'exécution à travers le sang et la violation des lois divines, c'est les flétrir, les condamner soi-même.* « Il y a une action, et cette action est méritoire, c'est le combat à mort contre le vice, le mensonge et le despotisme. » *On ne combat pas le vice en tuant ceux qui s'y abandonnent, on ne peut, on ne doit le combattre que par la patience et la pratique des vertus contraires.* « Il y a un dévouement, et ce dévouement est constant, absolu comme une immolation antique. C'est le sacrifice de soi-même, de sa jeunesse, de son repos, de son bonheur, de son ambition, de sa vie, de sa mémoire à son œuvre. » *C'est le cas de tous les fanatiques, qu'ils soient tels pour le bien ou pour le mal. On peut admirer le dévouement en lui-même, mais on en maudit les résultats s'ils sont funestes et sanglants comme ceux de la Révolution, et on prie le Ciel de nous préserver de ces fléaux ; car le dévouement au mal est l'œuvre de l'enfer. Ce qu'on peut dire de mieux en faveur de Robespierre, c'est qu'il n'avait pas l'expérience de ses doctrines ; aujourd'hui, ceux qui passeraient de l'admiration à l'imitation de ce modèle républicain, seraient sans excuse.* « Enfin, il y a un moyen, et ce moyen est tour à tour légitime ou exécrable, c'est la popularité ; il caresse le peuple par ses parties ignobles ; il exagère le soupçon, il suscite l'envie, il agace la colère, il envenime la vengeance. » *Peut-on être embarrassé pour qualifier de telles actions ?* « Il ouvre les veines du corps social pour en guérir le mal ; mais il en laisse couler la vie pure ou impure avec indifférence, sans se jeter entre les victimes et les bourreaux ; il ne veut pas le mal, il l'accepte ; il livre à ce qu'il croit le besoin de la situation les têtes du roi, de la reine, de leur innocente sœur ; il cède à la prétendue nécessité la tête de Vergniaud ; à la peur, à la domination, la tête de Danton. Il permet pendant dix-huit mois que son nom serve d'enseigne à l'échafaud, de justification à la mort ; il espère racheter plus tard ce qui ne se rachète jamais, le crime présent par les intentions futures ; il s'enivre d'une perspective de félicité publique, pendant que la France palpite sous l'échafaud ; il a le vertige de l'humanité ; il veut extirper avec le fer toutes les racines malfaisantes du corps social ; il se croit les droits de la Providence, parce qu'il en a le sentiment et le plan dans son imagination ; il se met à la place de Dieu. » *Il fait ce que Rousseau veut que fasse le législateur.* « Il veut être le génie exterminateur et créateur de la Révolution ; il oublie que si chaque homme se divinisait ainsi lui-même, il ne resterait à la fin qu'un seul homme sur la terre, et que cet homme serait l'assassin de tous les autres ; il tache de sang les pures doctrines de la philosophie ; il inspire à l'avenir l'effroi du règne du peuple ; la répugnance à l'institution de la République, le doute de la liberté ; il tombe enfin dans sa première lutte avec la terreur, parce qu'il n'a pas conquis, en lui résistant dès le commencement, le droit et la force de la dompter ; ses principes sont stériles et condamnés comme ses proscriptions, et il meurt, en s'écriant avec le découragement de Brutus : La République meurt avec moi. Il était en ce moment l'âme de la République, elle s'évanouit avec son dernier soupir ; s'il s'était conservé pur et sans concessions aux égarements des démagogues, jusqu'à cette crise de lassitude et de remords, la République aurait survécu, rajeuni et triomphé en lui. »

Dans cette appréciation de Robespierre, l'auteur semble parfois saisir la vérité, comme dans une nuit d'orage on distingue les objets à la lueur éblouissante des éclairs ; puis il retombe dans les ténèbres du parti pris ; la réalité des hommes et des choses lui échappe dès qu'il la saisit : essayons de juger ce jugement à la critique du christianisme. D'abord, M. de Lamartine attribue l'impuissance de Robespierre à vaincre le parti mauvais de la Révolution, à la faiblesse qu'il eut de se prêter aux égarements des démagogues, et à son amour de la la popularité. Mais la popularité est le moyen, seul légitime, seul rationnel, quand on adopte le principe de la souveraineté du peuple ; s'il plaît au souverain de faire le mal plutôt que le bien, de se couvrir de honte et de sang, plutôt que d'honneur et de gloire, ses agents peuvent en gémir, comme on dit que gémissait Robespierre, mais ils doivent obéir au souverain qu'ils se sont donné. Tout ce qui pourra les consoler, c'est l'espoir que ces rigueurs ne seront que passagères, et que, plus tard, il reviendra à de meilleurs sentiments quand il sera mieux éclairé. Croyant le bonheur de la patrie attaché aux principes du *Contrat social*, et voyant que le peuple ne renonçait point par la persuasion à ses habitudes vicieuses et corrompues, Robespierre devait ou ajourner la réalisation de ses principes au temps où le peuple en serait digne, ou user de la puissance dont il disposait pour les lui inoculer de force; à l'obliger de devenir libre, comme dit Rousseau. Sa foi aveugle dans la bonté de ses principes ne lui permit pas de balancer un instant. Il crut que le sacrifice le plus agréable à la patrie, était la mort de ceux qui s'opposaient à la réalisation des principes auxquels il croyait attaché le bonheur de la patrie et du genre humain. Il en vint à croire qu'on pouvait arriver à la vertu par le meurtre et le sang, ce fut sa grande erreur et son crime; il est donc coupable du sang qu'il a fait ou laissé verser. Mais les premiers, les plus grands coupables, ce sont les écrivains qui ont voulu soumettre les lois qui gouvernent les hommes au caprice de l'homme, comme le veut Rousseau dans son *Contrat social*.

Or, cet écrivain ne fit que formuler l'état d'une société, qui, rejetant le Dieu réparateur de l'humanité déchue, veut mettre, dans la raison bornée de l'homme, le principe et la fin des lois. Il basa sur l'homme l'édifice de la société, et l'édifice ne put se soutenir sur un si fragile fondement; ce siècle corrompu avoua l'ouvrage et l'écrivain qui rendait si bien le fond de sa pensée et de ses désirs. Pour le punir de cet excès d'orgueil, Dieu n'eut qu'à laisser triompher ces principes : tout tomba, tout fléchit devant eux et leurs terribles exécuteurs. Il leur fut donné de disposer, pour un temps, du dévouement des hommes, des héros, des ressources du premier peuple du monde; rien ne leur fit défaut, ni les hommes forts, ni les circonstances; tout se prêta aux desseins titaniques de nos révolutionnaires; ils régnèrent pleinement, afin qu'il fût acquis à l'histoire, à l'expérience des hommes, à quels excès, à quelles horreurs devra désormais aboutir le peuple qui reniera le christianisme.

Cette négation du Christ est la plus hardie, la plus puissante depuis celle de Mahomet. Les révolutionnaires, comme les Musulmans, ont abattu devant eux tout ce qui leur faisait obstacle; mais le sol s'est stérilisé sous les pas des uns comme des autres : ils ont bâti sur l'erreur et l'orgueil, ils n'ont élevé que des ruines; et la Providence nous a enseigné par là que ce n'est pas seulement en Dieu (car Robespierre reconnaissait l'Être Suprême), mais en son fils Jésus-Christ crucifié, que repose aujourd'hui l'édifice de la société.

Quiconque rejettera cette pierre de l'angle, devra appuyer l'édifice de la société sur l'homme, esclave de passions dont il rougit (quand toutefois il n'est pas trop corrompu), mais dont il ne peut se rendre maître; sur l'homme si vaste dans ses désirs et son orgueil, si borné dans son intelligence et ses moyens et néanmoins affamé de bonheur; et quiconque chargera la société d'assouvir tant d'appétits insatiables avec le peu de joie et de biens d'ici-bas, de mettre d'accord tant de volontés et d'intérêts opposés, de satisfaire tant d'orgueil, de contenir tant de haines, doit la faire aboutir inévitablement aux impossibilités, aux monstruosités, aux sanglantes folies de notre révolution.

Celui qui, à l'exemple de Robespierre, de Saint-Simon, de Fourrier, et de tant d'autres régénérateurs, osera mettre sa raison particulière à la place de la raison éternelle faite homme en Jésus-Christ, ainsi que le veut le *Contrat social* chez le législateur, celui-là, dis-je, doit fatalement aboutir au point vers lequel tendait Robespierre, et où, sans doute, il serait arrivé sans sa chute, à rester seul, sur la terre, l'assassin de tous les autres, comme le dit M. de Lamartine dans un éclair, dans une intuition de génie : il l'a dit comme il l'a vu, par hasard; mais ce mot, qui juge si bien Robespierre et son système, ne peut être trouvé juste et vrai que sous le point de vue chrétien; car le christianisme seul nous fait voir comment tout homme étant d'un cœur plus ou moins passionné, d'un esprit plus ou moins borné, si l'un d'eux voulait et pouvait décider ce qui convient aux autres, par ce qui convient à lui-même, et si, le pouvant, il osait égorger tout opposant à son système; s'il réduisait le cœur et l'esprit des autres hommes à la mesure de son cœur et de son esprit, comme Procuste réduisait le corps des autres hommes à son lit, quelque bonnes que fussent ses intentions, il devrait rester seul l'assassin de tous les autres, parce qu'il n'est pas deux hommes qui voient, qui jugent, qui sentent exactement de même : leurs cœurs, leur esprit, leurs sens sont tous imparfaits et corrompus, mais à des degrés divers. Il n'est pas de visages exactement ressemblants, combien les cœurs et les esprits diffèrent-ils davantage !... C'est cette différence, cette opposition parmi les hommes qui fait que, pour se supporter en société, ils ont besoin d'une loi supérieure à la leur, d'une sagesse meilleure que la leur. Or, cette loi, cette sagesse supérieure ne peut se trouver que dans le christianisme. Mais, comme il est la perfection même, ceux qui voudront le supplanter seront contraints d'en garder la divine morale ; car qui ne rougirait des excès du paganisme, et de ses idées imparfaites sur le bien et le mal ? Mais ces antichrétiens n'auront plus que la force pour faire accomplir cette divine morale si contraire à la corruption de notre nature, et plus ils voudront la réaliser, plus ils devront tourmenter, martyriser les hommes pour leur faire accomplir la vertu que le Christ leur faisait accomplir par la douceur et la persuasion.

On voit donc que le christianisme ne peut être accompli que par le secours de son divin fondateur, et à ceux qui prétendront se passer de ce puissant secours, on peut dire : Prenez toutes les lois païennes ou mahométanes qui s'accommodent à notre faiblesse, plutôt que le christianisme s'il doit être accompli seulement par les moyens humains.

CHAPITRE XIV.

OU L'ON TIRE QUELQUES CONSÉQUENCES DES PRINCIPES CI-DESSUS, ET OU L'ON EXAMINE LA POSSIBILITÉ ET LES AVANTAGES DE LA RÉPUBLIQUE EN FRANCE.

Il nous faudrait maintenant examiner la religion, l'éducation et la propriété au point de vue du *Contrat social* et du christianisme. Mais avant, il me semble qu'il convient de tirer de ce que nous avons dit précédemment, les conséquences qui s'en déduisent naturellement, puis nous terminerons ce chapitre en examinant la possibilité de l'établissement de la république en France, et quels sont les avantages qui doivent en résulter pour nous.

1° La cause première des catastrophes de notre grande Révolution vient de ce que l'on soumit la loi à l'homme au lieu de soumettre l'homme à la loi.

2° Tout gouvernement devant être dirigé et subi par des hommes plus ou moins corrompus de cœur et aveugles d'esprit, tout gouvernement, dis-je, ne pourra être que plus ou moins bon, plus ou moins imparfait : la faute en sera tantôt aux gouvernants, tantôt aux gouvernés ; il faut s'attendre à une plainte incessante des uns contre les autres. L'humanité, disait Luther, est comme un ivrogne à cheval, lorsqu'on le relève d'un côté il retombe de l'autre.

3° Les lois, les réglements d'un gouvernement, ne seront presque jamais bons que d'une bonté de circonstance et relative. Les chefs doivent traiter la société comme un bon médecin traite ses malades : ce dernier modifie, et proportionne l'énergie de ses remèdes selon les progrès du mal et de la guérison. Quand un mal est guéri, il en survient un autre. Chaque maladie veut son remède, chaque abus veut sa loi répressive. Le remède et la loi perdent leur bonté avec le mal et l'abus ; il n'y a d'immuables que les lois éternelles sur lesquelles repose toute société.

4° Faire le résumé des lois qui ont été appliquées chez les divers peuples anciens et modernes, c'est une étude instructive pour tous et surtout pour les politiques en particulier ; mais en vouloir extraire la quintessence pour en faire une constitution propre à tous les peuples, comme espéra le faire la première Constituante, c'est le comble de l'orgueil. Ceux qui concevraient encore une telle prétention doivent être comparés à ces charlatans de foire qui débitent des remèdes propres à guérir tous les maux connus et inconnus, présents et futurs.

5° Une chose faite pour étonner, c'est que les mêmes hommes qui établissaient en politique des systèmes absolus conçus *à priori*, rejetaient cette méthode du domaine des sciences physique, chimique, astronomique et mathématique, qu'ils ne traitaient que par l'observation et l'analyse : de là deux résultats différents, mais faciles à prévoir. Dans ces sciences, ils ont fait de notables progrès, et, en politique, ils ont causé des perturbations qui durent depuis 60 ans.

6° On vante fort l'efficacité de la pondération des pouvoirs dans les gouvernements représentatifs; mais ce n'est point cette pondération qui fait leur bonté. Des pouvoirs rivaux, toujours en présence, peuvent convenir aux Anglais, qui calculent tout, jusqu'au résultat de leur haine et de leur vengeance; mais le tempérament de feu du Français et de l'Espagnol ne s'en trouverait pas si bien. Ce qui fait la bonté de cette forme de gouvernement, c'est qu'il laisse une voie toujours ouverte pour réparer les abus qui se glissent et se glisseront toujours dans les choses humaines. Dès qu'ils prennent racine et s'invétèrent dans le corps social, ces abus produisent à la longue des révolutions; la nôtre n'eut pas une autre source. Depuis que l'indolent Louis XV était sur le trône on n'en corrigeait aucun; il s'en ajoutait, au contraire, de nouveaux aux anciens. On vivait au jour le jour; heureux de jouir du présent, on laissait à l'avenir le soin de détourner les orages que l'on formait par toute espèce de désordres, mais que l'on espérait éviter soi-même. Après lui, ce n'eût pas été assez du fer et du feu pour extirper les abus qui avaient rouillé tous les ressorts du gouvernement. Le talent des grands politiques, c'est de faire à temps des réformes pour éviter des révolutions. Dans le système du cardinal de Richelieu il n'y avait pas moyen de faire opérer ces réformes, aussi c'est par là qu'il périt.

7° Chose singulière et digne de remarque, les principes de liberté, d'égalité et de fraternité devront être toujours soutenus par les deux classes d'hommes qui forment les extrêmes de la société, par les cœurs les plus nobles et par les cœurs les plus vils. Les premiers accueilleront avec transport un mode de gouvernement où leur courage, leur dévouement, leur amour du bien public trouveront à se déployer; jugeant les autres par eux-mêmes, ils appelleront de tous leurs vœux et soutiendront de toute leur puissance un état qui leur semblera le meilleur, le plus digne de l'homme. Les seconds accueilleront avec non moins de transport un état où ils espèreront abaisser toute supériorité à leur niveau, où la haine, l'envie, la cupidité, toutes leurs passions, en un mot, auront chance de se satisfaire dans le bouleversement de tous les rangs, de toutes les fortunes. Pour mieux en imposer, les premiers seront seuls mis en avant, et c'est derrière eux que les méchants donneront pleine carrière à leurs machinations perverses. Les uns et les autres, dans des intentions bien opposées, éblouiront les hommes d'une perspective de bonheur, de perfections qui ne sont que le partage des hommes exempts de passions ; et, en définitive, ils précipiteront la société dans un abîme d'où elle ne pourra sortir que par le secours du despotisme, qui lui ravira toute liberté ; et les honnêtes gens, les forts et les vaillants, se demanderont comment a pu arriver ce naufrage, et jamais ils ne se l'expliqueront que par la corruption du cœur humain, que l'homme est impuissant à corriger hors du Christianisme.

8° Quand un peuple n'est pas mûr pour vivre en république et quand néanmoins des rêveurs, des idéologues viennent à bout de la lui imposer après l'avoir séduit, ébloui d'une perspective de liberté illimitée, il doit infailliblement arriver qu'on sera obligé de le soumettre à une autorité d'autant plus forte qu'il se sera plus émancipé des lois sans lesquelles la société ne peut se maintenir ; et cette autorité sera d'autant plus dure qu'elle aura moins de confiance dans sa légitimité ; elle sera plus ombrageuse, plus jalouse que l'autorité ancienne légitimée par les ans ; car l'autorité n'est douce, n'est bénigne qu'autant qu'elle se croit bien assise. Le mieux pour le peuple est donc de garder celle qu'il est accoutumé de reconnaître depuis longtemps : les idéologues politiques ont beau s'ingénier à trouver la meilleure des constitutions ; la meilleure sera celle qui s'adaptera le mieux aux mœurs, au génie du peuple.

9° Chaque peuple ayant une dose différente de vices et de vertus, ce qui constitue son génie et nécessite une législation à lui particulière, si l'on change subitement le principe en vertu duquel il vit et se développe depuis des siècles, sans tenir compte de ses mœurs, de ses antécédents, on compromet à coup sûr son existence même. L'avenir d'un peuple découle de son présent et de son passé, et c'est un mot bien vrai, confirmé par l'histoire, qu'il est maudit le peuple qui reniera ses pères.

Mais à quoi bon citer l'expérience des siècles à nos régénérateurs, qui ne voient, ne comprennent que la souveraineté du peuple telle que l'entend J.-J. Rousseau ? Ils lancent l'humanité dans une voie où elle n'aura plus à recueillir que les fleurs de toutes les félicités imaginables, et si on leur fait des objections, ils ne savent comment exprimer leur indicible dédain pour les esprits terre à terre qui s'avisent de les juger d'après l'expérience des hommes et des siècles passés. Ils sont ainsi dans leurs bons moments, mais pour peu qu'ils cèdent à leur indignation, ils feront couper le cou, s'ils le peuvent, aux misérables qui oseront mettre en doute l'efficacité de leur panacée gouvernementale. Et ne croyez pas que ce soit méchanceté de leur part ; non, il y en a de fort doux parmi eux. Mais c'est que leur foi dans leur principe et votre aveuglement ne leur permettront pas d'hésiter devant l'emploi du seul moyen qu'ils aient de faire triompher un si merveilleux principe.

Quant à l'histoire, il faut savoir que la leur commence en 1789, comme l'a observé M. Alexandre Dumas. Elle brille de son pur éclat, de la proclamation de la République en 1792 jusqu'au 9 thermidor ; puis vient le crépuscule jusqu'en brumaire, et enfin, la nuit de l'Empire, de la Restauration et du juste milieu. Les républicains socialistes, voire même les républicains antisocialistes, dits modérés, ne voient rien au delà. Les quatorze siècles pendant lesquels la France marcha presque sans interruption à la tête des nations, ne comptent pas à leurs yeux ; c'étaient les prêtres, les nobles et les rois qui faisaient tout en ces temps de barbarie. En un mot, reniant le glorieux passé de notre histoire, ils ont voulu et ils veulent encore construire un édifice en l'air qui n'a tenu quelques mois que par la terreur, la guillotine et la spoliation. Et maintenant que l'on vient d'introniser de nouveau la république démocratique, on est à se demander si elle a plus de chances de durée. Rousseau d'avance a répondu qu'elle n'était pas possible ; et il avait profondément raison en partant de son fatal principe qui fait les hommes maîtres de la loi. Quant à moi, je répondrai que si la république s'acclimate en France, ce sera à la condition expresse, *sine quâ non*, que reniant en entier le *Contrat social*, elle s'appuiera exclusivement sur le christianisme : mais c'est ici qu'est le nœud gordien de la difficulté.

Les républicains de toutes les nuances, même les plus antisocialistes, ceux qui ont le plus intrépidement combattu en juin, sont trop antichrétiens, et trop persuadés que la république doit renverser le christianisme, pour espérer voir cette condition remplie ; ils sont plus socialistes qu'ils ne le pensent, ils ne sont opposés au socialisme que sur quelques points : tous le sont au sujet de la propriété et de la famille, quelques-uns pour l'éducation, et le plus petit nombre pour la religion ; mais sauf ces derniers, ils ne se doutent pas que du moment qu'ils sont antichrétiens ils sont fatalement, nécessairement conduits à être socialistes. Et voilà pourquoi l'auteur n'a pas foi dans l'établissement de la république. Notre génération n'a pas encore pu se défaire des préjugés du dernier siècle contre notre divine religion. Ces préjugés sont même aussi forts chez plusieurs antirépublicains qui, dans la conflagration générale dont nous sommes menacés, ne déplorent que la perte de la société corrompue du xviii° siècle. Mais revenons à la possibilité de la république.

Il faut d'abord se bien persuader que celle qu'il faut établir en France sera sans précédents. On ne peut la comparer aux républiques d'Athènes et de Rome : dans la première, sur 400,000 habitants, il n'y en avait que 25,000 de libres, et dans la deuxième 100,000 tout au plus sur le même nombre. Les républiques fédérées de Suisse, pauvres et bornées, ne peuvent servir d'exemple à une république vaste, peuplée, et où la richesse est et sera toujours si inégalement répartie. Reste la république des Etats-Unis. Mais quelle différence entre les deux pays ! La fédération, qui est la base de cette république, comme de la Suisse, ne serait pas possible chez nous, tout le monde le reconnait. Voilà une différence radicale; une autre aussi forte, c'est que les Etats-Unis ont maintenu l'esclavage dans une partie des Etats ; puis leurs terres n'étant pas occupées, leurs prolétaires peuvent s'y établir; les impôts sont à peu près nuls ; les douanes et la vente des terres suffisent aux dépenses publiques. Comme ils n'ont point de nations voisines à redouter, ils n'ont pas d'armée, partant point de généraux dont les services indispensables fassent craindre une usurpation ; enfin, ce qu'il faut surtout considérer, c'est que l'esprit républicain s'allie chez eux à l'esprit chrétien; ces deux esprits n'en font qu'un chez eux, ils sont hostiles chez nous. Puis la forme républicaine est la seule traditionnelle, naturelle chez eux ; les germes y furent déposés par les dévots républicains de Cromwel fuyant devant le rétablissement de Charles II; les traditions, les usages, tout est républicain chez eux ; tout est monarchique et aristocratique chez nous. Considérons encore qu'il n'y a pas cent ans que les Etats-Unis existent ; attendons avant de les prendre pour modèles, qu'ils soient gonflés d'une population turbulente, comme la France et la vieille Europe. D'ailleurs, l'histoire nous apprend que tel peuple qui a pu vivre en république un temps plus ou

moins long, finit par ne pouvoir plus y rester et passe sous la
monarchie ou sous le joug étranger. Tel a été jusqu'à l'heure
le sort de toutes les républiques de Sparte, d'Athènes, de Rome,
de celles d'Italie, au moyen-âge enfin, de la Hollande; et cette
fin s'explique par l'état moral du peuple qui, passé un certain
degré de corruption, ne peut plus supporter l'état de la république; c'est l'opinion de tous les publicistes anciens et modernes : écoutons deux observations de Montesquieu.

« La tyrannie d'un prince ne met pas un état plus près de
sa ruine, que l'indifférence pour le bien commun n'y met une
république. L'avantage d'un Etat libre est que les revenus y
sont mieux administrés. Mais quand ils le sont plus mal? l'a-
vantage d'un Etat libre est qu'il n'y a plus de favoris. Mais
quand cela n'est pas, et qu'au lieu des amis et des parents du
prince il faut faire la fortune des amis et des parents de ceux
qui ont part au gouvernement, tout est perdu; les lois sont
éludées plus dangereusement qu'elles ne sont violées par un
prince, qui étant toujours le plus grand citoyen de l'Etat, a le
plus d'intérêt à sa conservation. » (*Grandeur et décadence
des Romains*, chap. IV.)

« Dans un Etat gouverné par un prince les divisions s'a-
paisent aisément, parce qu'il a dans ses mains une puissance
coërcitive qui ramène les deux partis. Mais dans une république, elles sont plus durables, parce que le mal atteint ordi-
nairement la puissance même qui pourrait l'en garantir. »
(*Ibid.*)

Il est surtout une considération qu'il faut soumettre aux
cœurs éblouis de la perspective de vivre en république, c'est
qu'en cet état on ne jouit pas d'une plus grande somme de
liberté qu'en monarchie modérée. Je serais curieux de savoir
si l'Angleterre et la France, depuis 1814, avaient en fait de
liberté rien à envier aux Etats-Unis? Sous une république pa-
reille (et Dieu sait quand elle sera acclimatée en France!) on
n'aura pas plus de liberté, et l'on en aura beaucoup moins, c'est-
à-dire pas du tout sous la république formée d'après le *Contrat
social*. Bref, je ne vois dans la république qu'un honneur et un
danger : l'honneur de se vanter qu'on fait seul ce qu'on ne faisait
sous un autre gouvernement que par la crainte de la loi et de ses
exécuteurs; et le danger de voir recourir à l'état de siége, à la
dictature, pour peu que les citoyens se relâchent de l'exécution

de leurs devoirs. Or, le danger me semble beaucoup plus redoutable que l'honneur ne me semble flatteur.

Je finirai ce chapitre par une observation adressée à ceux qui, pour préférer la république, allèguent les recommandations que Dieu fit à son peuple par Moïse, de ne pas se soumettre à un roi, mais de se tenir en république telle qu'il la leur avait donnée. Oui; mais remarquez bien que ce peuple avait une loi que Dieu lui avait imposée; dont les exécuteurs étaient fixés d'avance et pour jamais. Ni les uns ni les autres ne pouvaient rien changer à cette loi, ils en étaient tous les esclaves; les plus grandes récompenses étaient promises à son observation, les plus grands châtiments à sa violation, à son altération : rien n'est plus opposé à une république selon le *Contrat social*. L'auteur ne croit de république possible que celle où la loi chrétienne remplacerait la loi judaïque; mais comme la république des Juifs était toute théocratique, je crois voir déjà se hérisser d'horreur les préjugés antichrétiens légués par le dernier siècle. Voyons donc comment, sur quel pied il convient de régler les rapports de cette religion avec les citoyens et l'Etat.

CHAPITRE XV.

DE LA RELIGION.

La différence entre la loi judaïque et la loi chrétienne est infinie dans le but comme dans les moyens. La première ne s'occupait que de former un peuple particulier, séparé de tous les peuples jusqu'à la venue de la deuxième, qui devait être la loi de tous les hommes. Les Juifs étaient vraiment les esclaves de leur loi, comme dit saint Paul ; un Juif ne pouvait jamais être que juif. Il y avait des peines sévères contre l'infracteur de cette loi, et enfin la mort, pour qui se révoltait contre elle. D'ailleurs, où serait-il allé? Tous les peuples étaient exclusifs les uns envers les autres. Ils ne se confondaient pas. Chacun avait ses dieux, son origine, ses traditions plus ou moins mêlées de fables. Mais le christianisme, qui est la religion de tous les peuples, est tout différent. La première condition, pour être chrétien, c'est de l'être librement. L'Église excommunie bien celui qui viole ses lois, mais c'est pour l'éternité; son royaume n'est pas de ce monde. Il n'est pas d'ennemi si grand qu'elle n'admette, qu'elle ne recherche même; le plus grand bonheur de Dieu, comme de son Église, c'est le retour, la conversion d'un pécheur. Si, dans le moyen-âge, l'excommunication eut des effets temporels ; si les rois, les empereurs furent déposés et leurs couronnes adjugées par le Saint-Siége, c'est que les lois constitutives des peuples de l'Europe le voulaient ainsi. Il était de règle que l'obéissance ne pouvait être exigée de chrétiens, par des rois qui ne l'étaient pas. C'était tout simple. Ces peuples seraient comparables aux sauvages de la Polynésie d'aujourd'hui. Quoi de plus naturel que ceux-ci, voyant la différence qu'il y a pour eux de vivre sous le christianisme ou sous leurs abominables coutumes, fissent une loi par laquelle leurs chefs ou rois perdraient tout droit à l'obéissance s'ils cessaient d'être chrétiens? C'était le cas des peuples de l'Europe. Leurs lois donnaient au pape tel droit sur leurs chefs; d'autres lois ont pu lui ôter ce même droit ; c'est un fait mis hors de doute par les récentes études historiques. Il a fallu la haine aveugle, inepte du dernier siècle, pour embrouiller un fait aussi bien établi.

Dans les rapports entre le fidèle et Dieu, le consentement du premier doit être volontaire avant tout. L'hommage forcé n'a jamais compté dans le christianisme. Il n'y a d'autre peine temporelle que celle que le pénitent accepte librement pour rentrer en communion avec Dieu et son Église. Si, dans quelques pays, la puissance humaine, sous le nom d'inquisition, contraignait les hommes à certaines pratiques au moins extérieures, c'était presque toujours les rois, la puissance temporelle qui avaient établi ce pouvoir ; comme en Espagne, où le nombre de Maures et de Juifs rendait cette institution plus nécessaire qu'ailleurs. Ce n'était pas une institution absolument religieuse, puisqu'elle n'était pas obligatoire pour le salut, et que jamais elle n'a été établie en France. Là, la communion entre l'homme et Dieu fut toujours librement acceptée, et jamais on n'y a promulgué de peine contre ceux qui ne s'y maintenaient pas. J.-J. Rousseau est le premier qui ait osé écrire en français : « Si quelqu'un, après avoir reconnu publiquement ces mêmes dogmes (de sa religion d'État), se conduit comme ne les

croyant pas, qu'il soit puni de mort! » (*Contrat social*, l. IV.)
Et il avait raison d'après son système. Quand on base la société sur l'homme, on n'a plus pour sanctionner la loi que
le moyen de Mahomet : Crois, obéis, ou meurs. Car l'homme
n'a qu'une patience bornée, comme sa vie. Dieu seul est pa-
tient, parce qu'il est éternel. Le chrétien, donc, ne doit jamais
compte qu'à Dieu de son adoration. Et la libre volonté est la
première condition de son hommage. Jamais la puissance ni la
loi humaine ne doivent s'immiscer dans ses rapports. Ainsi,
qu'on ne se préoccupe pas de telles exigences, de telles prescriptions de la religion! elles ne seront jamais imposées que
par la persuasion.

Quant aux rapports entre les deux pouvoirs, spirituel et
temporel, ils devront être aussi simples que possible. Plus ces
deux pouvoirs seront indépendants l'un de l'autre, et mieux
ce sera. Les États-Unis ont là-dessus adopté le meilleur parti.
Nous devons les prendre pour modèles, sauf sur un point : la
rétribution du clergé. Aux États-Unis, où l'on ne paie pas
d'impôts, il est passé des lois dans les mœurs, que chacun ré-
tribue son culte. En France, au contraire, le clergé a toujours
eu une position indépendante des fidèles. Anciennement, il
avait des domaines territoriaux immenses ; l'Etat s'en empara
sous promesse de rétribuer suffisamment le culte, et c'est ce
qui a toujours eu lieu. On ne pourrait, sans danger pour la
religion, changer cette pratique. L'État et la religion y perdraient trop l'un et l'autre. Mais l'État serait le plus lésé dans
l'affaiblissement de la religion.

En effet, nous avons vu plus haut que les sanglantes horreurs de notre Révolution provenaient de la prétention du pouvoir humain à se constituer indépendant de Dieu, de ne relever que de lui-même, de soumettre toute loi à sa souveraineté,
au lieu de se soumettre à la souveraineté des lois divines préexistantes à l'homme et à la société. Et nous avons fait voir que
pour nous éviter de semblables calamités, il fallait que la société, non-seulement ne pût rien sur ces lois préexistantes,
mais qu'elle coordonnât elle-même ses propres lois sur ses lois
éternelles. Or, si le gouvernement s'arroge, n'importe quelle
autorité sur sa religion ou ses dogmes, en qui reposent ses
lois éternelles ; si, comme l'ancienne Constituante, il veut
bouleverser les rapports entre le clergé et son chef ; si, comme

en Russie, par une suite d'empiètements, il en vient à régler le fonds même de la religion, se plaçant sur le pied de la Providence, comme fait le czar dans son catéchisme, qui ne voit que l'on tend à se rapprocher du système du *Contrat social*, où la loi humaine veut fixer, dominer la loi divine? Qui ne voit que la religion perd alors de sa pureté, de sa confiance en elle-même et de son crédit sur le peuple? Qu'on juge de l'estime que peuvent ressentir les Russes quand ils voient que l'administrateur supérieur de leur religion est le colonel général des hussards? En faut-il davantage pour faire douter de sa divinité, pour compromettre le bien qu'elle peut faire? Si, comme nous croyons l'avoir établi, c'est seulement par la religion que les hommes peuvent accomplir les devoirs indispensables pour maintenir la société, il s'ensuit que, porter atteinte à la religion, faire quoi que ce soit qui doive nuire à son développement, c'est nuire à la société même.

Mais le plus grand avantage que l'État, quelle que soit sa forme, trouvera dans la religion, c'est l'autorité. En effet, d'où dérive l'autorité? De quel droit un homme se fera-t-il obéir d'un autre homme? de tout un peuple? Sera-ce parce qu'il est plus vertueux? Mais s'il se croit tel (et il a tort, tous les hommes étant plus ou moins vicieux), s'il ne voit pas ses défauts, les autres les voient merveilleusement bien. S'il s'en impose, il n'en impose à personne. Sera-ce parce qu'il est plus habile, plus intelligent? Mais quel homme conviendra qu'il a moins d'esprit qu'un autre?... La majorité, dira-t-on, fera l'autorité. Fort bien. Mais on saura bientôt par quels moyens, par quelles concessions, par quels marchés elles se forment, ces majorités, et dès lors elles ne seront guère estimées. Vous êtes quatre, dix, cent contre moi seul; je ne puis résister. Mais la force du nombre, pour être réelle, n'en sera pas plus persuasive; on cède, mais on n'obéit pas. Comme disait si bien feu M. Lamennais de l'essai de l'indifférence : on attend une occasion, on fait hâter le moment où la majorité reviendra et où l'on prendra sa revanche. On se révoltera dès qu'on croira pouvoir le faire avec succès. Rien ne sera jamais décidé sans appel, parce que ce sera l'homme ou les hommes qui décideront en leur nom ; et qu'il n'y a rien qui soit plus pesant à l'homme que le joug de son semblable, dont il se croit au moins l'égal. Et cependant, il n'y a plus que celui-là quand on a rejeté celui de Dieu, notre père, notre créateur, à qui seul nous pouvons céder sans honte, je dis plus, avec amour. Remarquez bien cette puissance de la religion. Dans toutes on peut obéir aux hommes en vue de plaire à la Divinité. Ainsi, le paria des Indes, qui n'a que l'opprobre et la misère, le travail et le mépris, vénère le brahme, qui a, sans travail, l'abondance, les honneurs et les respects. Le paria obéit au brahme, parce qu'il croit que Dieu le veut ainsi. Les Grecs obéissaient de même aux arrêts du destin avec crainte, mais sans amour. Maintenant, voyez la différence du christianisme avec toutes les autres religions. Le Christ veut être obéi, non avec crainte, mais avec amour. Ce qu'il veut avant tout, c'est le cœur. Pour nous apprendre à l'aimer et à aimer nos frères (deux commandements, qui n'en font qu'un), il nous a aimés le premier jusqu'à la mort. Mais écoutons-le lui-même : Jésus appelant ses disciples : « Vous savez que ceux qui paraissent posséder le pouvoir chez les Gentils, dominent sur eux, et ont pouvoir sur leur personne. Or, il n'en sera pas ainsi parmi vous. Mais quiconque voudra s'élever au-dessus des autres, sera votre serviteur, et quiconque voudra être le premier entre vous, sera le serviteur de tous ; car le Fils de l'homme lui-même n'est pas venu pour être servi, mais pour servir et donner sa vie pour la rédemption de plusieurs. » M. de Lamennais ajoute après cette citation : « Le pouvoir établi pour l'intérêt de tous devient une charge, et l'obéissance un droit. Régner, c'est servir, et le souverain n'est que le premier serviteur des peuples. » Il faut voir ce qui suit et ce qui précède dans les IIIe et IVe chap. du Ier vol. de l'*Essai sur l'Indifférence*. Jamais on ne traita si bien l'origine de l'autorité. On le voit donc, c'est dans notre religion que l'autorité trouve sa sanction, sa légitimité. Seule, elle fait trouver doux, léger, le joug de l'homme. C'est d'elle que découle l'obéissance, subie sans haine, sans honte, et avec joie, avec amour.

Cependant, pour l'obtenir ainsi, le pouvoir doit l'imposer dans le même esprit que le peuple doit la subir : c'est-à-dire que le pouvoir, pour être obéi au nom du Christ, ne doit commander, au moins implicitement, qu'au nom du même Christ, et ne doit rien faire qui contredise la religion, au nom de laquelle il se fait obéir. Il faut qu'il ne se dise plus athée non plus que la loi. Il faut qu'il soit le premier à renier ce prin-

cipe philosophique : que la religion est bonne pour le peuple.
Le pouvoir ne pourra pas exiger l'obéissance au nom d'une religion qu'il méconnaîtrait ou qu'il persécuterait. La religion
elle-même se ferait, dans ce cas, la complice de la tyrannie, des
passions des riches et des puissants : elle se prêterait à leur domination contre les peuples et les opprimés, que son premier
devoir est de consoler et de défendre autant qu'il est en elle.
Ce n'est point le clergé qui fera cette distinction ; mais Dieu
la fera, et il maudira, il brisera le pouvoir qui se servira d'une
religion de paix et de charité, pour établir un gouvernement
contraire à la loi qu'il invoque. Voilà la foi d'un gouvernement, voilà ce qu'il doit attendre de la religion. Au reste, il
est si certain que la véritable autorité provient de Dieu, que les
socialistes, notamment M. Louis Blanc, comme tous les politiques, font remonter la cause et le principe de leurs doctrines
à la révolte du XVIᵉ siècle contre l'Église. En effet, du moment
que les hommes se faisaient juges suprêmes de l'obéissance
qu'ils devaient à Dieu, comment pouvaient-ils observer l'o-
béissance qu'ils devaient à la société de leurs semblables ?...
Il faut donc que, dans l'intérêt de la société, toute autorité, quelle que soit sa forme, laisse la religion se développer librement, pleinement dans la voie que lui a tracée son
divin fondateur ; que le pouvoir ne se mêle en rien de sa pro-
pagation, ni de ses rapports avec les fidèles ; qu'il s'en rap-
porte à Dieu du soin de gagner les cœurs. Il faut surtout
que les gouvernements se défassent entièrement de leurs
préjugés contre les associations religieuses. L'association en
tout fait la force sur la terre, dans le commerce, dans l'industrie, dans les sciences. Il en est de même pour la religion, qui,
du reste, a la première enseigné cette puissance au monde.
Empêcher les associations religieuses, ou les tenir en état de
suspicion, comme des associations de malfaiteurs, c'est nuire
à l'établissement de la religion même, partant de l'autorité ;
car il est indispensable qu'il y ait des associations pour former les savants qui ne peuvent pas se développer au milieu
des soins du ministère. Il en faut surtout pour former ces héros et ces héroïnes de la charité.
Il est encore un préjugé, dont l'esprit du siècle doit se défaire, c'est sa prévention contre l'esprit dominant du clergé.
Il semble toujours à certains esprits effarouchés par les men-

songères déclamations du dernier siècle, que si on laisse pleine liberté au clergé, il doit en venir à dominer, à diriger despotiquement le gouvernement ; et ils voient déjà flamboyer les bûchers d'une nouvelle Inquisition. C'est un préjugé d'autant plus difficile à déraciner, qu'il n'a et ne peut avoir de fondement dans la société nouvelle ; on ne sait sur quoi il peut s'appuyer. Comment, en effet, imaginer que jamais le clergé puisse obtenir, à la majorité des suffrages, toutes les charges, tous les emplois qu'il faut posséder pour influencer la société ?... C'est une accusation qu'il suffit d'énoncer pour la réfuter. Si, dans le moyen-âge, le clergé, les moines se mêlaient de toutes les affaires, c'est qu'ils étaient les seuls lettrés, les seuls, partant, qui pussent diriger les affaires politiques parmi les très-vaillants, mais très-ignorants guerriers de l'époque. Puis, l'intérêt du peuple voulut encore que ses libertés les plus précieuses fussent mises sous la sauvegarde de l'Église, seul pouvoir moral qui pût résister à la force brutale, alors sans contrepoids. C'est à elle que l'Europe dut de n'être pas écrasée sous la puissance féodale et impériale. Mais si le peuple a gagné, à cette immixtion du clergé, dans les affaires temporelles, d'être gouverné plus doucement, et s'il a pu ainsi attendre des jours meilleurs, le clergé, dans le maniement des affaires, des biens et de la puissance séculière, n'a que trop souvent contracté les défaillances du monde. Quand il disposait d'évéchés formant des États puissants, et de riches abbayes, ces biens, cette puissance tentaient la convoitise des fils puînés des rois et des princes, lesquels ne souillèrent que trop de leurs vices, de leurs querelles, le ministère d'un Dieu de paix et de pureté. C'est à cette immixtion dans les affaires et dans la puissance temporelle que l'on doit rapporter les schismes et les hérésies dont l'Église saigne encore si douloureusement.

Si donc la société de nos jours ne veut plus voir le clergé se mêler de la direction de ses affaires, celui-ci, non plus, ne veut pas, dans l'intérêt de la religion, se mêler d'autre chose que de remplir les devoirs de son ministère. Au reste, comment en douter, après qu'on l'a vu refuser si fermement une place à la Chambre des pairs sous le dernier gouvernement ? Autres temps, autres mœurs, autres lois. L'Église ne veut que la liberté de se développer. Cette liberté et son pain quotidien, en échange des immenses richesses dont on l'a dépouillée, voilà tout ce qu'elle demande ; assurée qu'elle est que la vérité, cette fille du Ciel, triomphera par la persuasion. Elle a vaincu sous les supplices le colosse romain armé pour l'anéantir, elle croit triompher de même des erreurs que le cœur vicieux et l'esprit borné de l'homme peuvent enfanter encore. Douter de son triomphe serait douter de Dieu.

CHAPITRE XVI.

DE L'ÉDUCATION.

Examinons maintenant l'éducation. Toutes les sectes socialistes sont unanimes pour l'enlever à la famille. Voyons ce qui arrivera ; et d'abord, pourquoi l'homme et la femme, en se soumettant au joug du mariage, se vouent-ils aux charges, aux sollicitudes que cet état amène avec lui ?... N'est-ce point pour se perpétuer dans les enfants ? Or, qu'est-ce qui fait l'homme ? n'est-ce pas le cœur et l'intelligence ? et qui les forme, sinon l'éducation ? C'est-elle qui nous assimile nos enfants en leur inculquant nos idées et nos mœurs. Si donc l'État nous les enlève pour leur inculquer des idées et des mœurs opposées aux nôtres, nous n'avons plus à nous nos enfants, qui deviennent les enfants de l'État ; et comme nous ne nous imposons les liens, les charges du mariage qu'en vue de nous voir renaître dans nos enfants qui seront l'appui de nos derniers jours comme nous l'avons été de leurs premiers moments, on sent que du jour où les enfants nous seront enlevés, nous seront rendus étrangers par l'éducation, personne ne voudra s'imposer ces charges qui n'auront plus leur compensation. Le but du mariage étant anéanti, personne n'en voudra plus ; il n'y aura que des associations fortuites et passagères.

Il faut être tout-à-fait aveugle pour ne pas voir que ce qui fait la dignité, la noblesse, la sainteté du mariage, ce n'est pas la procréation des enfants comme pour une race de chevaux, de bœufs ou de chiens ; mais la création morale, c'est-à-dire l'éducation du cœur et de l'esprit, qui font tout l'homme, qui seuls le distinguent de la bête. On le voit donc, enlever l'éducation des enfants à la famille, c'est détruire forcément le mariage et le remplacer par la promiscuité et la prostitution. Les Saint-Simoniens, les Phalanstériens et autres régénérateurs qui ont osé proclamer ces horribles doctrines, n'ont fait que tirer les conséquences naturelles des principes qu'ils adoptaient, que doivent adopter tous les antichrétiens.

Que l'État laisse donc à la famille l'éducation des enfants; il peut s'en rapporter à elle du soin de les élever. L'amour des enfants est le sentiment le plus fort dans le cœur de l'homme; il voit en eux la perpétuité, non-seulement de son sang, mais de son honneur, de son nom, qu'il s'efforcera de leur transmettre le plus honorable possible; l'homme le plus méchant, le plus corrompu, sentira devant ses enfants son cœur se purifier et remonter vers la vertu; pour eux, il dompte souvent ses vices et ses passions. C'est, après Dieu, le sentiment de la famille qui peut nous relever le mieux de notre dégradation. Qu'il était beau, qu'il était fortifiant le discours que Tacite fait tenir aux Germains au moment du danger : « Songez à vos ancêtres et à vos descendants !... » Mais que ferait-il, je le demande, sur un peuple de bâtards qui ne connaîtraient pas plus leur père que leurs fils !

On détruit donc la famille quand on lui enlève l'éducation des enfants; cette éducation est pour elle plus un devoir qu'un droit. Si la famille ne peut faire elle-même l'éducation, elle devra seule choisir la maison d'éducation qui lui paraîtra le mieux s'adapter à ses vues; et, sous aucun prétexte, l'État ne doit violenter ce choix, en ne laissant s'élever que ses maisons.

Que l'État, pour remplir tels emplois, exige des aspirants à ces emplois, telle science et telle méthode, il en a le droit. C'est à la famille à décider quelle est la carrière qui convient le mieux aux enfants, et à se conformer aux prescriptions de l'État; mais celui-ci, sous prétexte de ne pas manquer de sujets, ne doit imposer ni ses méthodes, ni ses établissements. L'État devra surveiller les maisons d'éducation; mais la justice dit que cette surveillance ne devra pas être exercée par des membres du corps enseignant de l'État; les autorités locales, la magistrature, le clergé devront concourir à cette inspection. La même justice dit encore que les examinateurs ne devront être choisis dans aucun corps enseignant, pour garantir l'impartialité.

Que l'État ait des maisons particulières, qu'il proposera comme types, c'est fort bien ; mais que les pères de famille aient le droit d'élever des maisons selon leurs vues, que l'État fera surveiller, bien entendu ; si elles sont plus faibles que celles de l'État, elles tomberont ; bien plus, il est facile de voir qu'elles ne soutiendront la concurrence qu'à la condition de faire mieux que les maisons de l'État dotées de tant d'avantages.

Il est des vérités si communes qu'elles sont devenues banales, mais que, pour cette raison, nos grands régénérateurs ne daignent pas même considérer. En politique, ils agissent d'après des théories *à priori* ; et nous avons vu où ils aboutissaient fatalement avec de tels systèmes. Il en est de même chez eux pour l'éducation. Il est donc bon de rappeler ces vérités premières qui sont à l'état de sentiment dans tout cœur honnête et dans tout esprit sensé.

Tout le monde sent, qu'il en est de l'éducation du cœur et de l'esprit comme de celle du corps. Pour n'importe quelle profession mécanique, il faut exercer, assouplir ses membres d'après une méthode appliquée sans relâche pour les rendre propres aux divers exercices des armes, de la gymnastique, de la danse, etc. ; pour dresser la main à l'écriture, à la peinture, à la musique, il faut apporter à ces exercices une application incessante de toute la vie ; qu'on se relâche, les membres perdent aussitôt leur aptitude et leur souplesse qu'ils ne retrouvent qu'en recommençant les mêmes exercices.

Il en est de même pour l'éducation de l'esprit ; que d'études longues, pénibles ne faut-il pas pour développer, je ne dis pas toutes nos facultés, mais une seule ? pour primer dans une branche des sciences mathématiques ou naturelles ; dans le droit, dans les lettres, dans la médecine ? Combien en voit-on se distinguer dans ces diverses carrières ? A peine un sur cent. Si la terre ne produit de moissons qu'à force de peines et de sueurs, le champ de notre intelligence, pour être fertilisé, n'exige pas moins de peines et de travail.

Que dirons-nous donc de la culture du cœur, ce foyer où se résume tout l'homme ? du cœur qui décide entre mille du chemin qu'il va suivre ; qui, selon qu'il se porte vers le bien ou vers le mal, nous couvre ou de gloire ou de honte? Combien ne faut-il pas s'exercer à l'avance pour en venir à la pratique constante de la vertu! Qui dira les efforts qu'il faut faire pour s'accoutumer à sacrifier ses intérêts à ceux de ses frères; pour vaincre la cupidité, la sensualité, cette ennemie de la famille, et l'orgueil qui nous porte sans cesse à profiter de nos avantages pour en écraser nos frères? Il faut pour surmonter ces penchants un effort, une énergie tels que le mot de vertu est synonyme de force. Celui qui a marché dans la voie étroite du devoir, dira seul au prix de quelles peines il a tenu ce difficile chemin. Nier ce qu'il en faut pour pratiquer les différentes vertus, pour aimer qui nous hait, pour s'abstenir de la vengeance, quand on peut se venger; pour vaincre son égoïsme et tant d'autres actes qui constituent la vertu; les nier, dis-je, ces peines, ces efforts, c'est déclarer naïvement qu'on a toujours été étranger à ces vertus, et qu'on ne les connaît que de nom et par spéculation. Ce combat du bien et du mal qui se livre dans le cœur de l'homme est incessant du berceau jusqu'à la tombe.

On doit donc distinguer deux éducations : celle du cœur et celle de l'esprit; mais la plus importante est celle du cœur. Or, nous avons vu que le christianisme et la famille pouvaient seuls nous faire vaincre nos passions et nous faire accomplir la vertu, c'est-à-dire redresser et diriger le cœur. Laissons-leur donc cette éducation, c'est celle-là qui doit être gratuite et forcée en ce sens que tous les enfants doivent être envoyés à cette école : elle seule peut faire un homme honnête, comme, au reste, on peut s'en assurer dans nos communes rurales, où les enfants, même sans savoir lire, savent, grâce à leur famille et à leur pasteur, la manière d'accomplir le bien et d'éviter le mal. Il n'est pas nécessaire d'être un savant, pas même de savoir lire, pour être un honnête homme : tel de nos ouvriers, de nos paysans, est plus honnête, plus digne de nos respects, même de notre admiration que tel de nos hommes de génie.

Quant à l'éducation de l'intelligence, il faut bien se persuader que l'intelligence n'est que l'instrument le plus puissant de la volonté, qui part du cœur; le bon sens dit que cette éducation devra être proportionnée à la volonté que l'on pourra exercer. Donner à un paysan l'éducation la plus élevée, c'est, comme on le voit partout et tous les jours, le mettre à même de mépriser

sa famille avec laquelle il n'est plus en sympathie de mœurs, ni
de sentiments ; avec laquelle, en un mot, il est comme un étranger. Cette instruction le jette dans un monde nouveau, où il
est isolé, perdu ; elle lui apprend le raffinement de plaisirs intellectuels auxquels sa position ne lui permet pas d'atteindre.
Elle excite, elle agace ses désirs jusqu'à la passion; elle le porte
à bouleverser une société qui ne peut les assouvir, pour en
établir une autre qui lui promet de les satisfaire.

On voit donc que si l'Etat doit être seul chargé de l'éducation
gratuite et forcée (et il ne peut donner que celle de l'esprit
hors du christianisme), il doit se charger aussi d'assouvir les
besoins, les désirs que cette éducation provoque en l'homme.
Et alors l'Etat doit arborer franchement le drapeau du socialisme, qui, s'emparant de toutes propriétés, de toute industrie,
fera à chacun sa part de ces produits, après l'avoir fait travailler
selon ses moyens.

L'établissement de la république, avons-nous dit, n'est possible qu'autant que les citoyens seront assez vertueux pour
remplir d'eux-mêmes les devoirs que, sous une autre forme
de société, ils n'accomplissaient que par la contrainte de l'autorité. Or, si un pays qui prétend vivre en cet état ne s'occupait point de former le cœur à la vertu et développait seulement
la puissance intellectuelle, ce pays, dis-je, ne travaillerait-il point
à rendre ce gouvernement impossible? ne commettrait-il pas
un crime de lèse-liberté, de lèse-république? Car l'intelligence
n'étant que l'instrument, l'exécuteur du cœur, ne développer
qu'elle chez un homme dont le cœur est corrompu, esclave des
passions antisociales, c'est donner l'arme la plus dangereuse
au plus grand ennemi de la société; celle-ci fait alors comme
un général qui livrerait à l'ennemi ses canons pour en faire
foudroyer ses propres soldats. Dans un Etat qui a une bonne
police, on ne permet le port d'armes, on ne délivre de la pou-
dre qu'à ceux qui n'en feront pas un mauvais usage. Ainsi
l'Etat bien ordonné ne donnera l'éducation de l'esprit qu'à
ceux qui ne tourneront pas cette arme puissante contre la société, c'est-à-dire à ceux qui ont le cœur dressé à la vertu :
évidemment, on ne peut faire cette distinction chez les enfants;
mais l'Etat bien avisé ne devra donner l'éducation de l'esprit qu'aux enfants qui recevront en même temps l'éducation
du cœur : or, c'est ici que nous allons mettre à nu les plaies

de notre époque. L'Université, par l'organe de son grand-maître M. Villemain, a dû déclarer en pleine Chambre, qu'elle ne s'occupait et ne pouvait s'occuper que de l'éducation de l'esprit : elle reconnaît qu'elle n'a point de prise sur le cœur ; pourtant, c'est à ce foyer que se forment les grandes pensées, comme dit Vauvenargues. Au lieu de l'alimenter par une foi ardente au principe du bien, elle le laisse s'éteindre sous les glaces de l'indifférence. L'Université donne tout au plus son heure à la religion comme à l'histoire et à la physique; l'élève n'en entend plus parler, à moins que ce ne soit pour l'entendre contredire par des professeurs qui détruisent l'ouvrage de l'aumônier. Mais il ne suffit pas que la religion soit enseignée comme science, il faut qu'elle pénètre, qu'elle absorbe le cœur pour le purifier de sa corruption; voilà pourquoi notre génération (presque toute formée par l'Université) est si pauvre en grands, en forts caractères. Jamais cette pénurie ne fut si grande qu'à notre époque : nous avons des esprits, même des génies distingués dans toutes les carrières, dans toutes les sciences, dans tous les arts; nous ne manquons pas d'hommes à l'esprit vif, brillant, enrichi de toute la science ; nous avons des poètes bien remarquables, des orateurs diserts : je ne sais pas même si aucun siècle (sauf celui de Louis XIV) fut plus fécond en intelligences supérieures ! Mais où sont les grands monuments qu'elles pourraient si bien édifier? Elles se dissipent, s'évaporent en fantaisies et tournent incessamment à tout vent de doctrines, parce qu'elles ne s'appuient pas sur la vérité éternelle, sur la religion, qui n'est pas dans leur cœur, qui n'est pas l'âme de leurs pensées. La faute en est, répétons-nous, à l'Université; et, comme elle a toujours tendu à étouffer les maisons religieuses, qui seules peuvent faire l'éducation du cœur en même temps que celle de l'esprit, le monopole universitaire, ou tout autre qui lui ressemblera, est donc le plus grand ennemi de la société en général et de la république en particulier.

Mais, m'objectera-t-on peut-être, autant vaut avouer de suite que je ne veux que des maisons religieuses, qui seules peuvent donner l'éducation du cœur et en même temps que celle de l'esprit. A cela, je répondrai : Mes assertions bouleverseront les idées de bien du monde; mais notez qu'elles se déduisent naturellement du mystère aussi profond qu'indubitable de notre déchéance. C'est parce que les hommes sont enclins au mal, souvent même malgré eux, qu'il faut les redresser, les corriger de ce funeste penchant. Et pour y parvenir, il n'y a que deux moyens : la force, ou la persuasion par la vertu du sacrifice de la croix. Choisissez.

L'Université fut une machine créée pour façonner les jeunes générations au despotisme d'un seul ; elle ne peut convenir à une république véritable, elle n'est plus bonne qu'au despotisme de tous sur tous, au socialisme.

Vous tous, hommes de bonne foi, voyez enfin où l'on vous conduit, quand on vous dit qu'il faut avant tout instruire le peuple. Si c'est l'esprit, vous voyez qu'on doit forcément aboutir au socialisme ; si c'est le cœur, le christianisme seul et la famille peuvent en venir à bout. Laissez-leur donc ce droit, ou pour mieux dire ce devoir, et revenez-en à ce principe, que chacun doit élever ses enfants selon l'état dans lequel ils sont appelés à vivre.

Et vous, républicains de bonne foi, mais que les préjugés antichrétiens dominent encore, pénétrez-vous donc de cette vérité, que, soit dans la famille, soit dans l'éducation, pour peu que vous bronchiez de la voie du christianisme, vous devez vous précipiter dans les abîmes du socialisme.

Il nous reste à faire voir que la propriété doit être soumise aux mêmes résultats si l'on ne l'appuie pas sur le christianisme.

CHAPITRE XVII.

DE LA PROPRIÉTÉ.

Pour montrer l'influence funeste du *Contrat social* sur la propriété, nous allons nous appuyer d'un traité fait par un de nos publicistes les plus distingués, et intitulé : *Propriété et Loi*, de M. Frédéric Bastiat. Nous ne pouvons donner malheureusement, et à notre grand regret, qu'un extrait de cet excellent Traité, mais nous engagerons fort les lecteurs à le voir en entier dans le *Journal des Économistes* de Mai dernier.

« Rousseau, dit M. Bastiat, étant convaincu que l'état social était d'invention humaine, devait placer très-haut la loi et le législateur. Entre le législateur, et le reste des hommes, il voyait toute la distance qui sépare le mécanicien et la matière inerte dont la machine est composée; selon lui, la loi devait transformer les personnes, créer ou ne créer pas la propriété. Selon moi, la société, les personnes et les propriétés existent antérieurement aux lois; et pour me renfermer dans un sujet social, je dirai : Ce n'est pas parce qu'il y a des lois, qu'il y a des propriétés; mais parce qu'il y a des propriétés, qu'il y a des lois.

» L'opposition de ces deux systèmes est radicale, les conséquences qui en dérivent vont s'éloignant sans cesse.

» J'avertis d'abord que je prends le mot propriété dans le sens général, et non pas au sens restreint de propriété foncière; j'entends par propriété le droit qu'a le travailleur sur la valeur qu'il a créée par son travail.

» Les économistes pensent que la propriété est un fait providentiel, comme la personne. Le Code ne donne pas l'existence à l'une plus qu'à l'autre ; la propriété est une conséquence nécessaire de la condition de l'homme.

» Dans la force du mot, l'homme naît propriétaire, parce qu'il naît avec des besoins dont la satisfaction est indispensable à la vie, avec des organes et des facultés dont l'exercice est indispensable à la satisfaction de ces besoins. Les facultés ne sont que le prolongement de la personne ; la propriété n'est que le prolongement des facultés. Séparer l'homme de ses facultés, c'est le faire mourir : séparer l'homme du produit de ses facultés, c'est encore le faire mourir.

» Il y a des publicistes qui se préoccupent de savoir comment Dieu aurait dû faire l'homme : pour nous, nous étudions l'homme tel que Dieu l'a fait, nous constatons qu'il ne peut pourvoir à ses besoins sans travail, et qu'il ne peut travailler, s'il n'est sûr d'appliquer à ses besoins le produit de son travail.

» Voilà pourquoi nous pensons que la propriété est d'institution divine, et que c'est sa sûreté et sa sécurité qui est l'objet de la loi humaine. »

Puis il fait voir que, même chez les sauvages, la propriété est reconnue, tant elle est antérieure à la loi; que le sauvage est maître de la hutte qu'il s'est construite : si un autre plus fort l'en chasse, il indigne la tribu entière; et que c'est cet abus de la force qui donne lieu à l'association, à la loi qui met la force publique au service de la loi ; que la loi naît donc de la propriété, et non la propriété de la loi.

Il fait voir encore que la propriété est même sentie par les animaux, que la plante vit et se développe par assimilation, par appropriation ; qu'il suffit d'interrompre ce phénomène pour la faire dessécher et périr : de même, continue-t-il, l'homme vit et se développe par appropriation. L'appropriation est un phénomène naturel, providentiel, essentiel à la vie ; et la propriété n'est que l'appropriation devenue un droit par le travail. Quand ce travail a rendu assimilables, appropriables des substances qui ne l'étaient pas, je ne vois vraiment pas comment on pourrait prétendre de quel droit le phénomène de l'appropriation doit s'accomplir au profit d'un autre individu que celui qui a exécuté le travail.

C'est en raison de ces faits primordiaux, conséquences nécessaires de la constitution même de l'homme, que la loi intervient ; comme l'aspiration vers la vie et le développement peut porter l'homme fort à dépouiller l'homme faible, et à violer ainsi le droit du travail, il a été convenu que la force de tous serait consacrée à prévenir, à réprimer la violence. La mission de la loi est donc de faire respecter la propriété. Ce n'est pas la propriété qui est conventionnelle, mais la loi.

Nous ne suivrons pas l'auteur dans ses recherches sur l'origine du système opposé qu'il découvre être en germe dans la législation des Romains, où Rousseau et les soutiens du système que la propriété vient de la loi ont été le puiser ; ce serait trop long : nous exposerons les conséquences opposées des deux systèmes.

« La première, est d'ouvrir aux utopistes un champ sans limites ; cela est évident du moment qu'on établit en principe que la propriété tient son existence de la loi. Il y a autant de modes possibles d'organisation du travail, qu'il y a de lois possibles dans la tête des rêveurs. Une fois qu'on pose en principe que le législateur est chargé d'arranger, combiner et pétrir à son gré les personnes et les propriétés, il n'y a pas de bornes aux modes imaginables selon lesquels les personnes et les propriétés pourront être arrangées, combinées et pétries.

» En ce moment, il y a certainement en circulation, à Paris, plus de cinq cents projets sur l'organisation du travail, sans compter un nombre égal de projets sur l'organisation du crédit. Sans doute, ces plans sont contradictoires entre eux, mais ils ont tous cela de commun, qu'ils reposent sur cette pensée : la loi crée le droit de propriété ; le législateur dispose en maître absolu des travailleurs et des fruits du travail.

» Une autre conséquence, serait d'exciter chez tous les rêveurs la soif du pouvoir. J'imagine une organisation du travail : exposer mon système et attendre que les hommes l'adoptent s'il est bon, ce serait supposer que le principe d'action est en eux ; mais dans le système que l'on examine, le principe d'action est dans le législateur. « Le législateur, comme dit Rousseau, doit se sentir de force à transformer la nature humaine. Donc, ce à quoi je dois aspirer, c'est de devenir législateur, afin d'imposer l'ordre social de mon invention. » Et l'auteur fait voir les conséquences qui peuvent être déduites d'un tel principe, variant selon les intentions bonnes ou mauvaises du législateur ; et il démontre l'absurdité de l'application qu'on a essayé d'en faire au Luxembourg, puis il continue ainsi : « Un effet plus frappant encore du principe funeste que je m'efforce de combattre, c'est l'incertitude qu'il tient toujours suspendue comme l'épée de Damoclès sur le travail, le capital, le commerce et l'industrie.

» Dans un pays, comme aux États-Unis, où l'on place le droit de propriété au-dessus de la loi ; où la force publique n'a pour mission que de faire respecter ce droit naturel, chacun peut en toute confiance consacrer à la production son capital et ses bras ; il n'a pas à craindre que ses plans et ses combinaisons soient, d'un instant à l'autre, bouleversés par la puissance législative. »

Tandis qu'il fait voir que c'est décourager, arrêter l'industrie que de laisser subsister seulement le principe que la loi fait la propriété ; celui qui est propriétaire par une loi d'aujourd'hui pouvant ne plus l'être par une loi de demain. Le capital et le travail s'épouvantent et se retirent ; tout meurt : travail, propriété, industrie, et, avec eux, l'impôt ; tandis que toutes ces choses se développent à l'infini par le principe contraire, que la loi est faite seulement pour garantir la propriété quelle qu'elle soit.

Tel est le résumé du petit ouvrage de M. Bastiat, député des Landes, que je regrette de n'avoir pu relater en entier ; et comme cette analyse n'a pu en donner qu'une idée tronquée, je ne saurais trop y renvoyer ceux qui veulent approfondir la source et l'origine de la propriété.

Pour moi, je ferai observer (pour me renfermer d'abord dans la considération de la richesse territoriale) que la valeur du sol n'est presque rien en elle-même. Qu'est-ce que le produit de la terre la plus fertile, d'une île déserte de la Polynésie? La terre ne donne pas d'elle-même ses fruits; c'est l'homme, par son travail, qui les lui fait produire, qui lui fait acquérir toute la valeur dont elle est susceptible. Quand on prend une terre inculte, il faut la niveler, la dessécher, il faut souvent accumuler sur elle le travail de plusieurs années, et le superflu de plusieurs générations, qui y vivront de privations, d'une nourriture à peine suffisante. A la fin, grâces à ces travaux, les fils de cette famille laborieuse n'auront plus qu'à recueillir les fruits du travail de leurs prédécesseurs. A côté, une autre famille ne voulant que tirer présentement le plus de fruits de la terre, sans rien lui donner, verra sa terre diminuer incessamment de valeur. Or, cette dernière famille forcera-t-elle la première à égaliser ses revenus? ou bien un étranger demandera-t-il à partager? Qui ne voit que c'est l'intelligence, la force et surtout la sagesse du propriétaire qui fait toute la valeur de la terre ; comme la négligence et l'inconduite du cultivateur en font toute la pauvreté? La valeur d'une terre augmente ou diminue à chaque génération. Tant vaut l'homme, tant vaut la terre.

Or, ce que je dis ici de la valeur territoriale, combien ne doit-on pas le dire, à plus forte raison, de la richesse industrielle et commerciale, qui doit se créer elle-même !

Ainsi, en justice pour l'homme, comme en droit pour la sûreté de la société, il faut que la propriété, quelle qu'elle soit, soit reconnue comme un fait primordial, au-dessus de l'atteinte des lois et des prétentions humaines. Or, c'est ici que nous rencontrons la difficulté : comment mettre la propriété hors de l'atteinte des lois et des révolutions humaines? Par une loi, par une convention fondamentale ? Mais si une génération d'hommes trouve que cette loi supérieure est nécessaire, une autre génération pourra trouver qu'elle est inutile ; car ce que fait une loi humaine une autre peut le défaire du même droit. Comment peut-on lier l'avenir? Les hommes étant égaux, nul ne peut

enchaîner sa volonté à celle d'un autre homme, à moins de renier cette égalité, et de se déclarer esclave. Tournez et retournez cette question ; examinez-la sous toutes les faces : toujours vous trouverez que l'homme ne peut être lié en droit par la volonté , par la sagesse d'un autre homme ou de plusieurs hommes ses égaux. Voici, par exemple, les socialistes qui disent : « Il n'est pas juste que les uns aient du superflu, quand les autres n'ont pas même la nécessaire. » Que peut leur répondre un pouvoir athée ? Leur prouvera-t-il qu'il est injuste, irrationnel, absurde et funeste de dépouiller les propriétaires ? Certainement il aura raison, et cette tâche lui sera rendue bien facile par l'admirable ouvrage de M. Thiers. Mais si les socialistes insistent, disant : « M. Thiers est, certes, un très-grand
» écrivain : il a eu le don de vous convaincre ; mais il ne nous a
» pas convaincus. Vous nous dites que prendre le bien d'au-
» trui est un vol ; nous vous répondons que l'on n'est devenu
» propriétaire que par le vol, la violence et l'injustice. Donc,
» *c'est la propriété qui est le vol*. Raisonnez tant qu'il vous
» plaira. L'intérêt dit aux propriétaires, que prendre leur bien
» est un crime ; l'intérêt dit aux prolétaires qu'il est juste que
» les pauvres soient riches à leur tour. Car, ne reconnaissant
» plus la loi divine, ce n'est plus qu'une loi humaine qui décide
» que le vol est crime. Eh ! bien, nous verrons à promulguer
» une autre loi qui dira que le vol est innocent en soi, et notre
» loi vaudra la vôtre. Vous nous parlez de justice ? Mais où,
» chez qui est-elle ? Dans l'homme assurément, puisque vous
» ne reconnaissez pas plus que nous qu'elle existe en Dieu que
» nous renions tous également. Eh bien ! ce qui vous semble
» juste, nous semble injuste à nous. Comment nous prouverez-
» vous que vous avez raison et que nous avons tort ? Par la
» majorité ? Vous l'avez aujourd'hui : triomphez ; contre la force,
» point de résistance. Mais attendez que nous ayons soulevé
» contre vous vos domestiques, vos ouvriers, toute la classe si
» nombreuse des prolétaires dont vous disposez, et alors, nous
» aurons , à notre tour, la majorité qui seule fait la loi, et
» nos principes, que vous rejetez aujourd'hui, seront les seuls
» reconnus justes et bons. »

Telle est la conséquence du principe fondamental du *Contrat social*, qui soumet la loi à l'homme.

Voyez, au contraire, combien on réfute aisément les com-

munistes, par le christianisme : « Notre loi, dira le pouvoir qui
» se base sur cette religion, notre loi sur la propriété repose
» sur la céleste parole qui a promulgué ce commandement :
» *Tu ne voleras pas.* Ce n'est point pour défendre les intérêts
» des uns au détriment des intérêts des autres, que nous main-
» tenons cette loi ; mais pour éviter la menace de Dieu qui a
» annoncé la fin de toute société rebelle à ses lois éternelles.
» Ce n'est pas en son propre nom que l'autorité humaine exige
» l'obéissance, c'est au nom de Dieu, envers qui l'autorité et
» ses agents ont aussi leurs obligations particulières. Tous, su-
» jets, officiers et souverains, sont soumis à des devoirs, à des
» lois qu'ils ne peuvent ni modifier ni changer. L'autorité pu-
» nit les infractions des sujets, et Dieu punit, à son tour, les
» infractions de l'autorité ; car c'est pour la châtier qu'il
» permet les bouleversements, les révolutions qui renversent
» l'autorité infidèle. Tous sont punis du même coup, l'auto-
» rité par son anéantissement, les sujets par l'absence de l'au-
» torité. »

De cette manière, la propriété ne repose plus sur une loi
faite par des hommes, loi que d'autres hommes peuvent renverser ; elle provient de la loi même de Dieu. Maintenant, que
peut objecter celui qui la viole? qu'il ne croit pas en Dieu, dé-
fenseur de la propriété? Mais si la société y croit ouvertement,
elle a certes bien le droit de dire à ce récalcitrant : « *Allez-*
» *vous-en* : retranchez-vous vous-même d'une société avec qui
» vous n'êtes plus en communion. Elle ne peut vous suppor-
» ter, vous ennemi de Dieu, sans se rendre complice de votre
» reniement. » Celui qui ne veut pas se soumettre aux lois
d'un pays, peut-il être étonné que ce pays le rejette?

Mais, dira-t-on, la force est, en définitive, la dernière raison de la loi de Dieu, comme de la loi de l'homme? Certainement : il est impossible qu'il n'y ait pas une autorité, une
force souveraine qui tranche toute contestation. La question
n'est pas là. La question est de savoir dans quel cas la force a
droit ou n'a pas droit d'agir ; dans quel cas elle a ou n'a pas
la justice pour elle. Nous venons d'exposer les raisons que
peut alléguer l'autorité, selon qu'elle est athée ou religieuse.
Choisissez.... pour moi le choix n'est pas douteux. La société
athée n'a que la force brutale du nombre qui peut changer à
toute heure et se contredire à l'infini. La société religieuse a

seule l'autorité véritable et aussi inébranlable que la raison et la justice éternelle. Ainsi, la société devant reposer sur la propriété, et la propriété n'étant inviolable qu'autant qu'elle s'appuie sur la religion, il est évident que la société devra veiller, avant tout, au maintien de la religion, qui sert de base à la propriété comme à tout l'édifice social : et alors, loin de se dire athée, elle devra se mettre solennellement sous la protection de la loi divine.

Mais, dira-t-on, les pauvres, les faibles de corps et d'esprit, seront toujours les victimes des riches qui les exploiteront? et cette inégalité si révoltante des fortunes et des conditions subsistera donc toujours? Hélas! quand le Dieu fait homme nous dit qu'il y aura toujours des pauvres parmi nous, pouvons-nous en douter? Chez les socialistes, cette inégalité subsistera de même, ou il n'y aura que l'égalité de la misère ; car personne ne travaillera, sinon par force : la puissance publique devra être employée à faire faire des travaux répugnants à l'homme ; les uns feront travailler les autres, avons-nous vu au chapitre XI, c'est-à-dire que les uns seront les bourreaux des autres. Voilà l'inégalité des socialistes, elle sera plus dure, étant sans compensation. Cette inégalité n'est tolérable que dans le christianisme, qui l'atténue en portant le riche à donner miséricordieusement de son superflu à celui qui manque du nécessaire, et cela non avec l'orgueil qui se prévaut du bien qu'il fait, mais avec l'humilité du chrétien, qui est persuadé qu'il n'en fera jamais assez pour remplir la loi d'amour de son Sauveur. Sans le christianisme, l'homme sera toujours insupportable à l'homme. Le riche et le puissant en viendront à subjuguer les faibles et les pauvres, ou ceux-ci massacreront ou dépouilleront les riches ; en un mot, nous aurons ou l'esclavage antique dont le christianisme put seul nous affranchir, ou l'esclavage le plus dur, celui de tous par tous, selon le socialisme.

Ainsi, pour la propriété comme pour l'éducation et la famille et toute l'organisation de la société, on ne peut réfuter, on ne peut éviter le socialisme que par le christianisme ; car pour n'être pas ballotté, emporté par le vent de l'erreur, il faut être profondément enraciné dans le sol de la vérité.

CHAPITRE XVIII.

RÉSUMÉ ET CONCLUSION.

La famille, l'éducation, la propriété constituées selon le christianisme telles, sont les bases sur lesquelles doit s'appuyer toute société en général; mais la république, en particulier, ayant spécialement besoin du secours de cette divine religion, cette forme de gouvernement ne pourra prendre racine que par un revirement complet dans les idées de ses prôneurs. Car tous, en général, Français, Italiens, Allemands ou autres, sont ennemis de cette loi divine qui peut seule réaliser leur utopie, et alors ils doivent finir par subir le socialisme. La plus grande erreur politique, c'est de prétendre être républicain, mais antichrétien et antisocialiste à la fois.

Sans le christianisme, la liberté, au lieu de signifier la faculté de faire de soi-même les devoirs qu'on n'accomplit sous un autre gouvernement que par la contrainte, la liberté, dis-je, ne sera plus que l'affranchissement de tout frein, de toute règle, de toute autorité, et n'enfantera que l'anarchie la plus misérable qui appellera comme son sauveur le despotisme le plus dur.

Sans cette même religion, l'égalité amènera d'abord le partage des biens, c'est-à-dire la ruine de toute fortune publique et particulière, puis, l'abaissement de toute supériorité morale et intellectuelle, et l'abaissement de l'intelligence et du caractère national !

Enfin, si la fraternité (qui n'est que le sacrifice de soi-même aux autres) n'est pas exécutée par le christianisme, elle ne le sera que par la force et la violence. Ses soutiens seront logiquement amenés par leur foi en ce principe à exterminer les récalcitrants, comme firent les terroristes, ou bien à les tyranniser, comme veulent faire les socialistes. Voilà où aboutira la république avec ses trois dogmes sans le christianisme. Avec lui, par lui, la société recueillera la paix, la liberté, le bonheur, la gloire qu'on peut recueillir ici-bas; et la France continuera, comme par le passé, à marcher à la tête des nations. Sans lui tout gouvernement, mais la république surtout, est impossible, et la France s'anéantira dans les servitudes du socialisme.

Vous donc, républicains honnêtes, comme vous antirépublicains, mais qui prétendez être antichrétiens, voyez si vous voulez tomber jamais entre les mains de ces novateurs, de ces empyriques politiques, pour qui l'expérience des siècles passés est nulle ; qui de tant d'épreuves, de tant de systèmes légués par les âges précédents, ne voient que la souveraineté du peuple sur la loi, au lieu de soumettre le peuple aux lois antérieures et divines. Vous les verrez toujours, ces aveugles, sacrifier tout, eux-mêmes comme les autres, à ce principe funeste, cause de tous nos malheurs. Pour eux, les principes du bien et du mal, de crime et de vertu, s'absorberont dans le dévouement à ce principe ; ils exalteront dans l'homme les sentiments de Liberté, d'Égalité, de Fraternité ; ils l'en éblouiront, l'en enivreront pour lui faire renverser le gouvernement existant ; ils fascineront le monde avec leurs promesses (les plus douces à l'orgueil de l'homme, depuis celles que le serpent tentateur fit entendre à l'oreille de la première femme pour la précipiter du ciel) ; puis, quand ils vous verront entre leurs mains, ils commenceront par prendre vos enfants, qui ne seront plus les vôtres, mais ceux de la patrie : ainsi qu'à Sparte sans entrailles, sans pudeur, sans autre génie que celui de la force, ces enfants ne reconnaîtront pour père et pour mère, que l'Etat qui les nourrit et les élève : ce sera une force brutale très-forte pour conquérir ; les janissaires étaient formés sur ce plan. Mais la famille qui est toute la joie, toute la félicité du cœur honnête, sera anéantie, et avec elle le mariage, qui sera remplacé par la promiscuité la plus bestiale. La propriété sera toute à l'Etat, qui fera la répartition des produits de la terre et de l'industrie, comme des charges et du commandement. Ce seront des hommes qui feront ces répartitions, et alors, Dieu sait les injustices, les préférences que ces répartiteurs commettront en faveur de leurs amis, de leurs protégés, au détriment de leurs ennemis, même des indifférents. Ainsi, après vous avoir éblouis d'une perspective indéfinie de liberté, ils ne vous laisseront pas même la libre disposition des choses les plus indispensables à la vie ; après avoir disposé de vos bras, de votre intelligence, de votre vie, ils vous donneront juste votre part du brouet républicain, comme à ces animaux en cage à qui l'on répartit leur pâture. Voilà le dernier mot du socialisme : mais rappelez-vous bien qu'il est la conséquence naturelle du *Contrat social*, lequel est le code de la négation du christianisme. Vous ne pourrez anéantir ce code du désordre, qu'en revenant à la religion qu'il a prétendu supplanter.

Vous tous, hommes d'ordre, de paix, de bonne volonté, qui avez si vaillamment combattu en Juin les socialistes, soyez bien pénétrés de ceci : Si vous les avez vaincus, vous ne les avez pas anéantis ; ils sont debout et vous l'arme au bras, car on ne combat pas les idées à coups de canon ni de baïonnette, mais par des idées supérieures. Or, le socialisme étant la forme obligée de toute société antichrétienne, vous ne pourrez le détruire que par l'affirmation du Christ dans les lois civiles et politiques, dans la famille et surtout dans l'éducation. Il faut choisir entre l'Évangile et le *Contrat social* ; il ne vous est point possible, au point où sont les choses, de ne pas faire ce choix, de rester neutre, de composer avec les deux, de prendre dans chacune ce qui semble le mieux ; il faut être ou tout pour, ou tout contre le socialisme. Il est tel, que, pour peu qu'on lui accorde de son cœur, il l'absorbe tout entier. Dans nos fabriques, quand le bout du vêtement d'une personne est pris entre deux cylindres, toute la personne doit suivre et être impitoyablement broyée ; il en est de même pour le socialisme. Il faut, je le répète, opter entre les deux lois ; prendre l'une à l'exclusion de l'autre, car elles sont la négation l'une de l'autre. L'Evangile, s'il était suivi, établirait le ciel sur la terre ; et le *Contrat social*, ou sa dernière forme, le communisme, nous donnerait l'anticipation de l'enfer. La France est dans un moment critique où sont posés devant elle les fruits de vie et les fruits de mort ; son avenir dépendra du choix qu'elle va faire.

Elle n'hésitera certainement pas, parce qu'elle est au fond trop chrétienne, bien qu'elle ne le paraisse pas à sa surface, pour qu'elle ne penche pas vers la religion, qui peut seule la préserver de ce code du néant. Oui, tout semble nous présager déjà ce résultat ; déjà les sommités des partis naguère indifférents au moins pour le christianisme, se tournent vers lui, comme vers leur Sauveur. Encore un effort, et les partis qui depuis 60 ans cherchaient leur triomphe exclusif vont enfin reconnaître, que leur hostilité fait toute la force du communisme, et que, pour n'en pas devenir la proie, ils doivent une bonne fois éteindre leurs divisions dans de mutuelles concessions. Certainement il reste beaucoup à faire de tous les côtés; il faut bien du courage pour rompre avec des préjugés, des haines, des antipathies héréditaires; mais que ne peut chez nous l'amour du pays, la crainte du communisme, et surtout le désir de replacer notre patrie au rang qu'elle doit occuper dans le monde?

Mais que les partis ne se laissent pas absorber par le soin de sauvegarder leurs intérêts, leurs principes; qu'ils sauvegardent d'abord les principes éternels de la religion : c'est sur eux seulement que les leurs trouveront une base solide; devant Dieu seulement, ils pourront, sans s'humilier, se faire des concessions les uns aux autres; et Dieu les bénira et leur donnera d'éteindre des haines, des jalousies qui sans lui n'auraient jamais de fin.

FIN.